FRANCE

GW00726917

ATLAS ROUTIER

VOYAGE

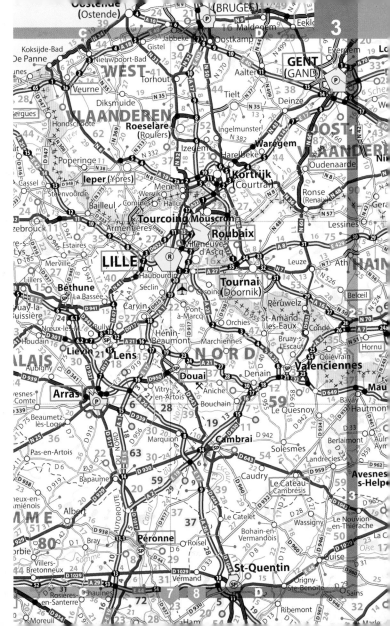

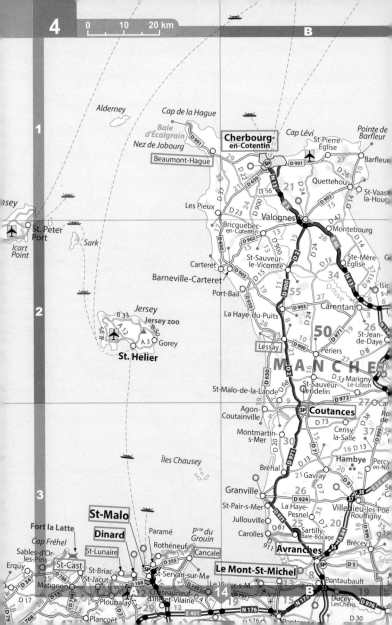

4

0 10 20 km

B

Alderney

Cap de la Hague

Baie
d'Écalgrain
Nez de Jobourg

**Cherbourg-
en-Cotentin**

Cap Lévi

St-Pierre-
Église

Pointe de
Barfleur

Beaumont-Hague

D 901

D 901

Barfleur

D 22

D 650

D 56

21

D 24

Quettehou

D 902

St-Vaast-
la-Hougue

jersey

St. Peter
Port

Icart
Point

Sark

Les Pieux

D 37

D 24

D 900

Valognes

D 42

Montebourg

D 14

Bricquebec-
en-Cotentin

D 902

D 21

D 24

Ste-Mère-
Église

Carteret

D 903

D 15

D 900

St-Sauveur-
le-Vicomte

D 15

34

N 13

Isi
s-

Jersey

Jersey zoo
A 12
B 30
A 3 Gorey

St. Helier

Barneville-Carteret

Port-Bail

D 650

D 900

55

Douve

D 903

Carentan

La Haye-du-Puits

D 24

26

50

D 971

St-Jean-
de-Daye

D 8

Lessay

D 900

Périers

M A N C H E

Îles Chausey

St-Malo-de-la-Lande

D 650

D 2

D 68

D 53

Marigny-
Le-Lozon

St-Sauveur-
Lendelin

D 972

27

Ca

Agon-
Coutainville

SP **Coutances**

Ro
de

Montmartin-
s-Mer

D 20

30

D 73

Cerisy-
la-Salle

D 7

37

Bréhal

D 13

D 971

D 27

Hambye

Percy-
en-No

Fort la Latte

Cap Fréhel

Sables-d'Or-
les-Pins

Erquy

St-Malo

Dinard

Paramé

St-Lunaire

Rothéneuf

Granville

St-Pair-s-Mer

Jullouville

Carolles

Gavray

D 9

26

La Haye-
Pesnel

25

Sartilly-
Baie-Bocage

D 61

D 924

38

Villedieu-les-Poê
Rouffigny

20

Brécey

St-Briac

St-Cast

St-Jacut

D 168

SP

St-Servan-sur-M.

D 355

Cancale

Le Mont-St-Michel

Avranches

8

D 5

Matignon

D 13

D 786

D 799

Ploubalay

Châteauneuf-
d'Ille-et-Vilaine

Le Vivier-s-M.

D 155

D 797

Pontaubault

Ducey-
Les-Chéris

A 2

14

15

B

Plancoët

E 401

N 176

D 30

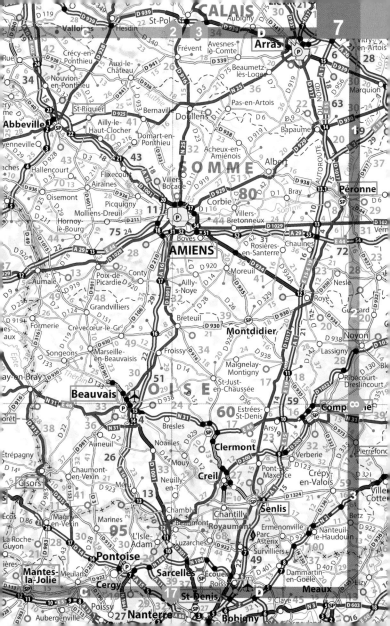

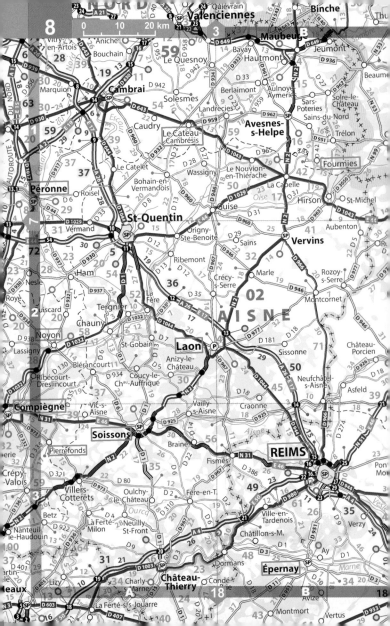

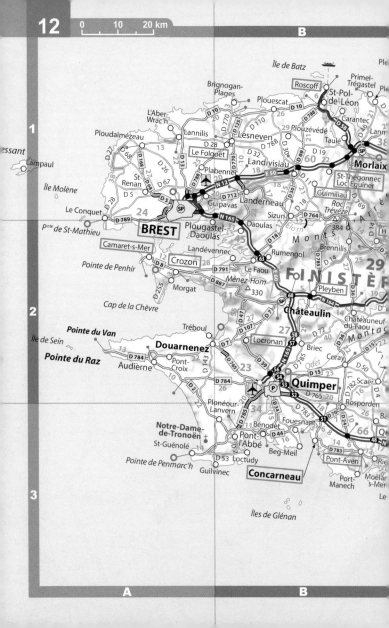

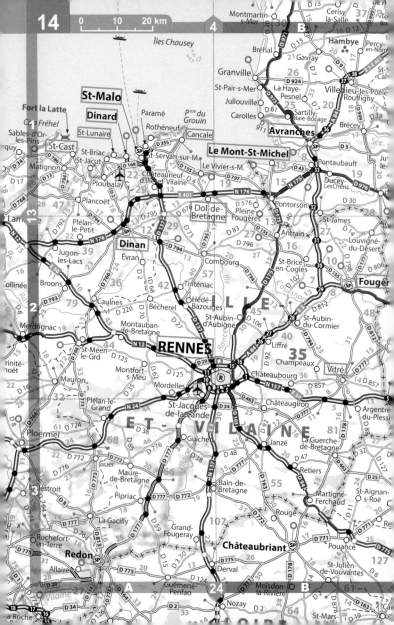

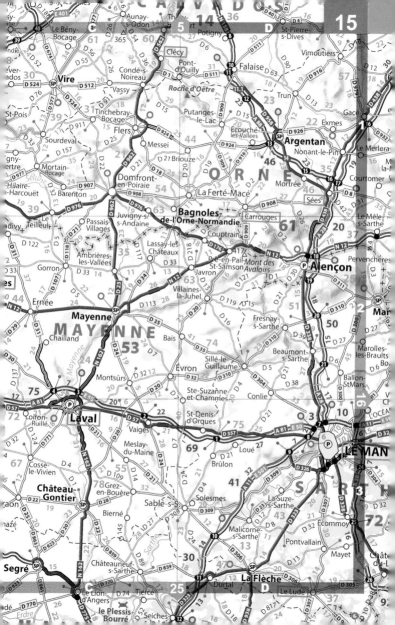

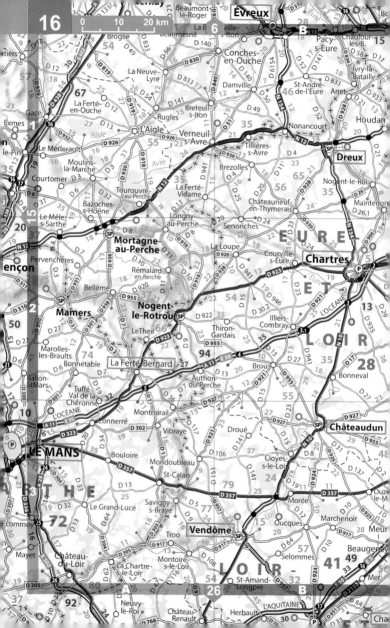

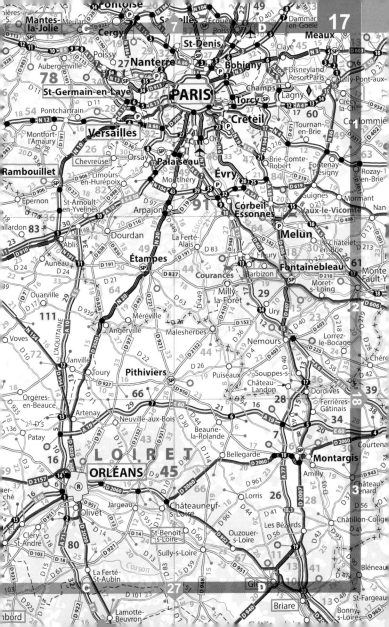

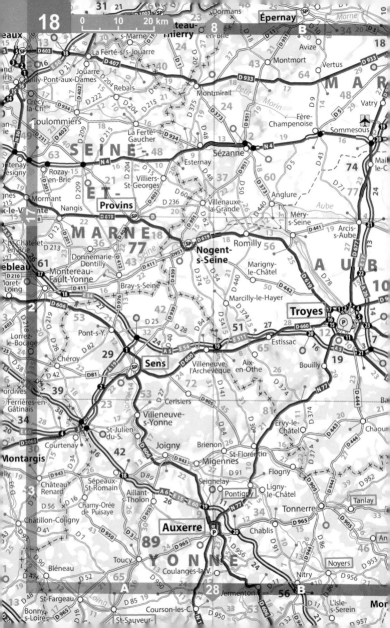

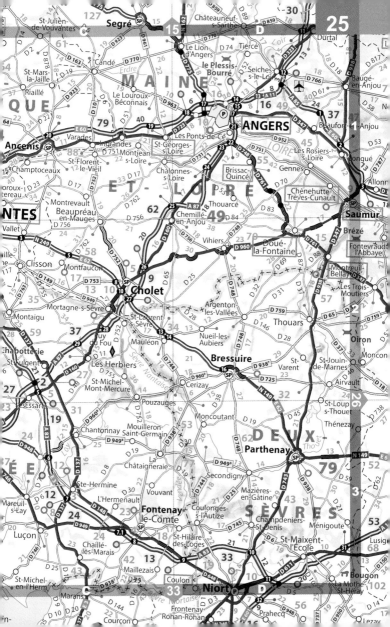

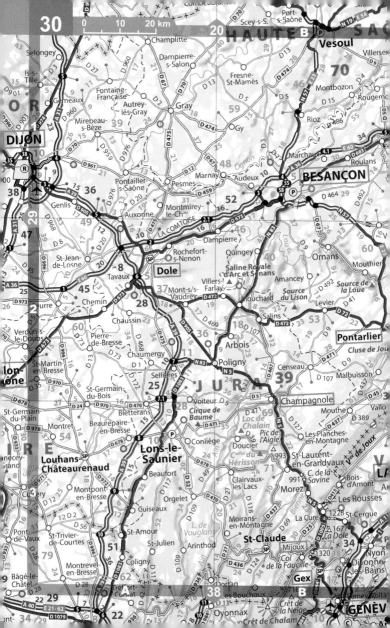

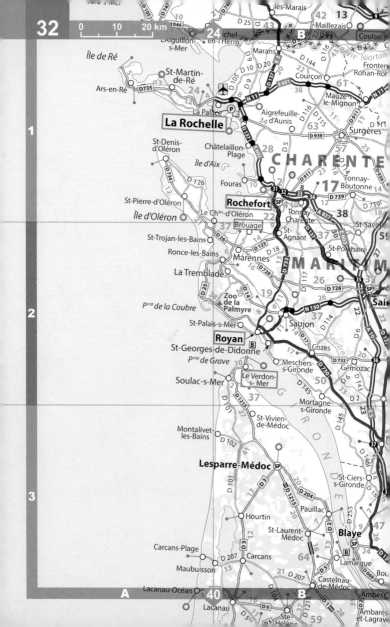

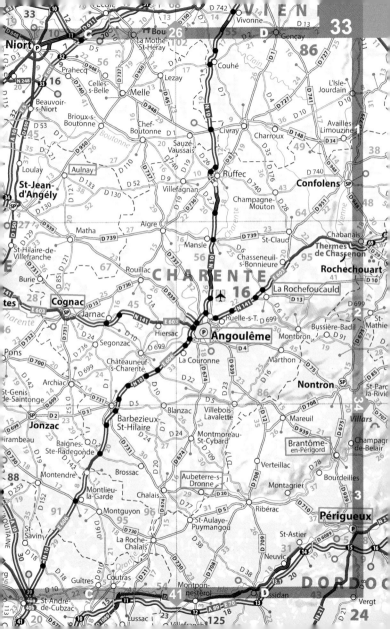

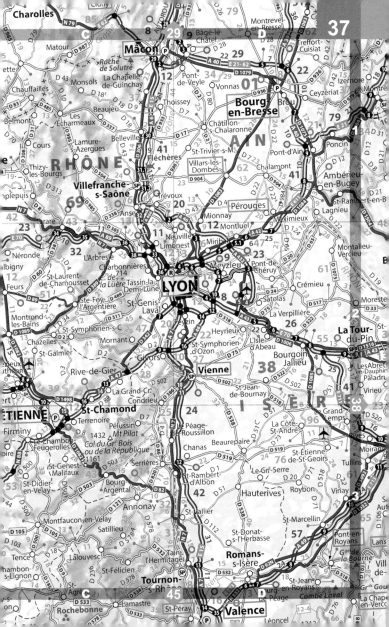

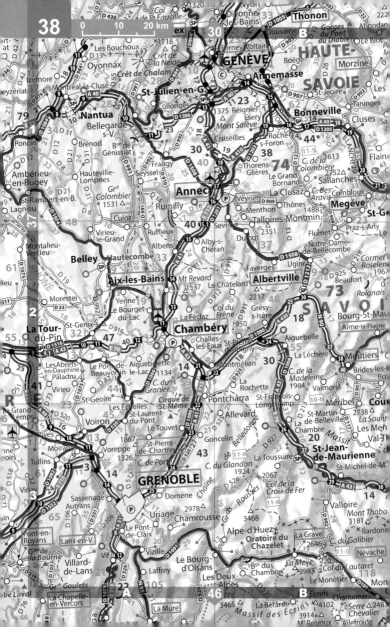

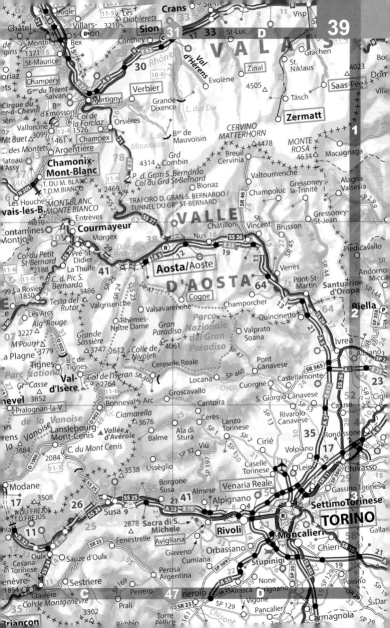

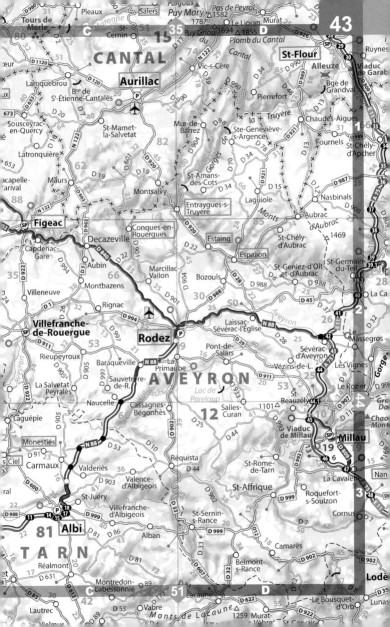

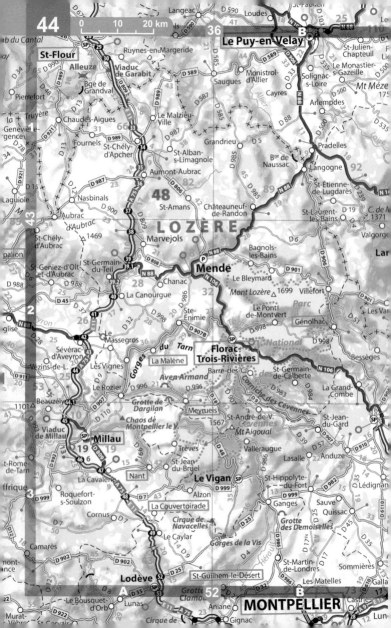

St-Vallier-
de-Thiey
Le Bar-s-Loup
St-Paul-de-V.
Cagnes-s-Mer
St-Jean-Cap-Ferrat
Villefranche-s-Mer
NICE
Fayence
Callas
Grasse
Mougins
Mandelieu-la-Napoule
Antibes
Cap d'Antibes
Juan-les-Pins
Golfe-Juan
La Napoule
Théoule-s-Mer
Miramar
Esterel
Cannes
Le Trayas
Fréjus
St-Raphaël
St-Aygulf
Les Issambres
Ste-Maxime
St-Tropez
Ramatuelle
Cap Camarat
Cavalaire-s-Mer
Rayol-Canadel-s-Mer
Port-Cros

Guignan
Le Muy

Cap Corse
Rogliano
Pino
Lun
Nonza
Erbalunga
Bastia
Col de Teghime
St-Florent
Oletta
Murato
L'Île-Rousse
Ito-Pietro-di-Tenda
Vescovato
Calvi
Belgodère
Muro
Calenzana
2B
Ponte Leccia
Morosaglia
La Porta
Piedicroce
Cervione
HAUTE-
Monte Cinto
Scala di Santa Regina
CORSE
Calacuccia
Col de Verghio
Corte
Monte San Petrone
Porto
E'visa
Venaco
Golfe di Porto
les Calanche
CORSE
Piana
Monte Rotondo
Soccia
Ghisoni
Vico
Vizzavona
Aléria
Cargèse
Sari-d'Orcino
Col de Vizzavona
Bocognano
Ghisonaccia
CORSE-
Mte Renoso
Col de Verde
Bastelica
DU-
Zicavo
Ajaccio
Sta-Maria-Siché
Mte Incudine
Aiguilles de Bavella
Solenzara
Petreto-Bicchisano
Aullène
Col de Bavella
Iles Sanguinaires
SUD
Zonza
2A
Filitosa
Olmeto
Levie
Ste-Lucie-de-Tallano
Propriano
Sartène
Porto-Vecchio
Bonifacio
Arcipelago della Maddalena
Maddalena
Parco Nazio
Arcipelago
La Maddalena
Bocche di

1/1 500 000

	Amiens	Angers	Bayonne	Besançon	Bordeaux	Brest	Caen	Calais	Cherbourg-Octeville	Clermont-Ferrand	Dijon	Grenoble	Le Havre	Lille	Limoges
Amiens															
Angers	421														
Bayonne	903	564													
Besançon	558	649	914												
Bordeaux	724	384	192	736											
Brest	628	378	831	962	633										
Caen	256	253	795	649	616	375									
Calais	160	512	1054	655	875	719	347								
Cherbourg-Octeville	377	372	878	771	681	423	124	467							
Clermont-Ferrand	558	448	561	370	381	824	601	713	720						
Dijon	474	551	836	97	673	862	548	573	670	308					
Grenoble	709	727	823	315	686	1103	806	871	928	297	303				
Le Havre	185	330	872	611	692	469	96	275	218	574	512	769			
Lille	122	513	987	583	807	762	390	114	512	642	495	797	319		
Limoges	526	265	408	499	228	605	490	682	609	237	436	542	540	611	
Lyon	602	607	774	229	595	983	698	763	820	205	195	114	661	693	450
Le Mans	335	96	634	578	454	397	166	425	285	440	479	719	243	427	329
Marseille	913	908	698	541	648	1283	1010	1075	1132	477	507	309	973	1005	694
Metz	368	620	1093	268	919	917	571	467	693	569	262	564	543	367	723
Montpellier	885	775	532	526	482	1120	928	1041	1047	338	492	293	899	970	528
Mulhouse	554	774	1038	137	859	1028	714	697	836	493	222	436	676	597	621
Nancy	383	666	1084	209	905	897	586	482	708	515	208	509	557	419	642
Nantes	508	89	516	752	336	298	293	582	339	536	653	814	385	601	352
Nice	1077	1071	861	704	812	1447	1174	1239	1296	641	671	330	1136	1168	858
Orléans	269	245	647	418	467	591	321	425	443	300	319	576	283	354	269
Paris	135	297	771	415	591	594	234	297	357	426	316	573	197	226	395
Perpignan	982	754	498	676	448	1086	978	1137	1097	435	643	444	996	1066	494
Reims	174	431	905	380	725	728	382	273	505	535	292	594	348	203	529
Rennes	441	130	630	725	450	243	188	531	235	596	625	875	280	574	417
Rouen	124	299	841	546	661	501	128	214	251	509	447	704	91	257	478
St-Étienne	660	576	715	288	535	952	729	822	848	146	254	154	700	751	391
Strasbourg	524	775	1151	250	971	1072	726	623	849	606	335	531	698	523	733
Toulon	976	971	761	604	711	1347	1073	1138	1195	540	570	330	1036	1068	757
Toulouse	812	551	300	737	245	883	775	967	894	383	674	532	826	896	291
Tours	373	124	534	521	355	497	264	523	383	341	422	619	341	457	229

Distances

Les distances sont comptées à partir du centre-ville et par la route la plus pratique, c'est-à-dire celle qui offre les meilleures conditions de roulage, mais qui n'est pas nécessairement la plus courte.

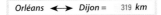

Orléans ←→ Dijon = 319 km

Lyon	Le Mans	Marseille	Metz	Montpellier	Mulhouse	Nancy	Nantes	Nice	Orléans	Paris	Perpignan	Reims	Rennes	Rouen	St-Étienne	Strasbourg	Toulon	Toulouse	Tours
569																			
316	892																		
457	532	769																	
300	760	168	753																
381	643	696	233	683															
403	505	715	56	700	178														
694	186	972	706	806	864	720													
479	1056	213	932	332	686	881	1134												
469	144	760	464	624	545	451	331	915											
466	209	778	333	750	481	347	384	934	134										
451	810	320	904	155	835	853	771	475	724	850									
488	343	800	192	786	381	206	518	955	268	145	935								
776	161	1056	679	920	793	661	110	1211	353	357	886	490							
597	211	910	481	833	615	495	385	1065	217	132	933	292	313						
63	561	335	515	320	441	465	663	491	428	526	470	548	724	636					
494	687	808	163	793	116	156	862	789	586	489	943	349	834	637	550				
379	955	64	831	232	763	781	1034	150	823	842	382	864	1119	972	397	873			
539	607	407	935	243	864	885	568	563	554	680	208	813	684	762	419	973	470		
469	96	800	563	665	648	555	210	956	117	241	718	374	259	310	468	693	863	514	

60

Localité ➤ Achmelvich .... 84 E 9 ◄ Coordonnées de carroyage

Numéro de page ⌐

A

Abbeville	2 B 3
L'Aber-Wrac'h	12 A 1
Ablis	17 C 3
Abondance	31 C 2
Abreschviller	21 C 1
Les Abrets-en-Dauphiné	38 A 2
Abriès	47 C 1
Accous	49 C 2
Acheux-en-Amiénois	3 C 3
Agay	55 C 1
Agde	52 A 3
Agen	41 D 3
Agon-Coutainville	4 B 3
Ahun	35 C 1
L'Aigle	16 A 1
Aignan	49 D 1
Aignay-le-Duc	19 D 3
Aigre	33 D 2
Aigrefeuille-d'Aunis	32 B 1
Aigrefeuille-sur-Maine	23 D 3
Aiguebelette-le-Lac	38 A 2
Aiguebelle	38 B 2
Aigueperse	36 A 1
Aigues-Mortes	53 C 2
Aiguilles	47 C 1
Aiguillon	41 D 2
L'Aiguillon-sur-Mer	25 C 3
Aigurande	27 C 3
Ailefroide	46 B 1
Aillant-sur-Tholon	18 A 3
Ailly-le-Haut-Clocher	2 B 3
Ailly-sur-Noye	7 D 2
Aimargues	53 C 2
Aime-la-Plagne	39 C 2
Ainhoa	48 A 1
Airaines	2 B 3
Aire-sur-la-Lys	3 C 2
Aire-sur-l'Adour	49 C 1
Airvault	25 D 2
Les Aix-d'Angillon	28 A 2
Aix-en-Othe	18 B 2
Aix-en-Provence	54 A 1
Aix-les-Bains	38 A 2
Aixe-sur-Vienne	34 A 2
Aizenay	24 B 3

Ajaccio	55 D 3
Alban	43 C 3
Albens	38 A 2
Albert	3 C 3
Albertville	38 B 2
Albestroff	10 B 3
Albi	43 C 3
Alby-sur-Chéran	38 A 2
Alençon	15 D 2
Aléria	55 D 2
Alès	44 B 3
Alise-Ste-Reine	29 D 1
Allaire	23 C 2
Allanche	35 D 3
Allègre	36 B 3
Allevard	38 B 3
Allonnes	26 A 1
Allos	47 C 1
Alpe-d'Huez	38 B 3
Altkirch	21 C 3
Alvignac	42 B 1
Alzon	44 A 3
Alzonne	51 C 2
Amance	20 A 3
Amancey	30 B 2
Ambarès-et-Lagrave	41 C 1
Ambazac	34 B 1
Ambérieu-en-Bugey	37 D 1
Ambert	36 B 2
Ambès	41 C 1
Ambierle	36 B 1
Amboise	26 B 1
Ambrières-les-Vallées	15 C 2
Amélie-les-Bains-Palalda	57 C 3
Amiens	2 B 3
Amilly	17 D 3
Amou	48 B 1
Amphion	31 C 2
Amplepuis	37 C 1
Ancenis	23 D 3
Ancerville	19 D 1
Ancy-le-Franc	18 B 3
Andelot	19 D 2
Les Andelys	6 B 3
Andernos-les-Bains	40 B 1
Andrézieux-Bouthéon	37 C 2
Anduze	44 B 3

Anet	16 B 1
Angers	25 D 1
Angerville	17 C 2
Anglès	51 D 1
Angles-sur-l'Anglin	26 B 3
Anglet	48 A 1
Anglure	18 B 2
Angoulême	33 D 2
Aniane	52 B 2
Aniche	3 D 2
Anizy-le-Château	8 A 2
Annecy	38 B 1
Annemasse	38 B 1
Annonay	37 C 3
Annot	47 C 3
Anse	37 C 1
Antibes	55 D 1
Antraigues	45 C 1
Antrain	14 B 2
Anzy-le-Duc	36 B 1
Apt	46 A 3
Aramits	48 B 2
Arbois	30 B 2
L'Arbresle	37 C 1
Arc-en-Barrois	19 D 3
Arcachon	40 A 2
Archiac	33 C 2
Arcis-sur-Aube	18 B 2
Les Arcs (Savoie)	39 C 2
Les Arcs (Var)	55 C 1
Ardentes	27 C 3
Ardes	36 A 3
Ardres	2 B 1
Arès	40 B 1
Argelès-Gazost	49 D 2
Argelès-sur-Mer	57 D 3
Argent-sur-Sauldre	27 D 1
Argentan	5 D 3
Argentat	35 C 3
Argentière	39 C 1
L'Argentière-la-Bessée	46 B 1
Argenton-Château	25 D 2
Argenton-sur-Creuse	27 C 3
Argentré-du-Plessis	14 B 3
Argueil	6 B 2
Arinthod	30 A 3
Arlanc	36 B 3

Arlempdes . . . . .44 B 1
Arles . . . . .53 C 2
Arles-sur-Tech . . . . .57 C 3
Armentières . . . . .3 C 2
Arnac-Pompadour . . . . .34 B 3
Arnay-le-Duc . . . . .29 D 2
Arpajon . . . . .17 D 1
Arques . . . . .2 B 2
Arques-la-Bataille . . . . .6 B 2
Arracourt . . . . .20 B 1
Arras . . . . .3 C 3
Arreau . . . . .49 D 2
Arrens . . . . .49 C 2
Arromanches . . . . .5 C 2
Ars .10 A 3
Ars-en-Ré . . . . .32 A 1
Arsy .7 D 3
Artenay . . . . .17 C 3
Arudy . . . . .49 C 2
Arzacq-Arraziguet . . . . .49 C 1
Arzano . . . . .13 C 3
Ascain . . . . .48 A 1
Asfeld . . . . .8 B 2
Aspet . . . . .50 A 2
Aspres-sur-Buëch . . . . .46 A 2
Astaffort . . . . .41 D 3
Attigny . . . . .9 C 2
Aubagne . . . . .54 A 1
Aubenas . . . . .45 C 1
Aubenton . . . . .8 B 2
Aubergenville . . . . .17 C 1
Auberive . . . . .19 D 3
Aubeterre-sur-Dronne . . . . .33 D 3
Aubigny . . . . .3 C 2
Aubigny-sur-Nère . . . . .27 D 1
Aubin . . . . .43 C 2
Aubrac . . . . .43 D 2
Aubusson . . . . .35 C 1
Auch . . . . .50 A 1
Audenge . . . . .40 B 1
Audeux . . . . .30 B 1
Audierne . . . . .12 A 2
Audincourt . . . . .31 C 1
Audruicq . . . . .2 B 1
Audun-le-Roman . . . . .10 A 3
Audun-le-Tiche . . . . .10 A 3
Aullène . . . . .55 D 3
Aulnay . . . . .33 C 2
Aulnoye-Aymeries . . . . .8 B 1
Ault .2 A 3
Aulus-les-Bains . . . . .50 B 3

Aumale . . . . .7 C 2
Aumetz . . . . .10 A 2
Aumont-Aubrac . . . . .44 A 1
Aunay-sur-Odon . . . . .5 C 3
Auneau-Bleury-
St-Symphorien . . . . .17 C 2
Auneuil . . . . .7 C 3
Aups . . . . .54 B 1
Auray . . . . .13 D 3
Aurec-sur-Loire . . . . .37 C 3
Aurignac . . . . .50 A 2
Aurillac . . . . .43 C 1
Auron . . . . .47 C 2
Auros . . . . .41 C 2
Auterive . . . . .50 B 1
Authon-du-Perche . . . . .16 A 2
Autrans . . . . .38 A 3
Autrey-lès-Gray . . . . .30 A 1
Autun . . . . .29 D 2
Auvillar . . . . .42 A 3
Auxerre . . . . .18 B 3
Auxi-le-Château . . . . .2 B 3
Auxonne . . . . .30 A 2
Auzances . . . . .35 C 1
Auzon . . . . .36 A 3
Availles-Limouzine . . . . .33 D 1
Avallon . . . . .29 C 1
Avesnes-le-Comte . . . . .3 C 3
Avesnes-sur-Helpe . . . . .8 B 1
Avignon . . . . .45 D 2
Avioth . . . . .9 D 2
Avize . . . . .18 B 1
Avord . . . . .28 A 2
Avoriaz . . . . .39 C 2
Avranches . . . . .4 B 3
Ax-les-Thermes . . . . .51 C 3
Axat . . . . .51 C 3
Ay-Champagne . . . . .8 B 3
Azay-le-Ferron . . . . .26 B 2
Azay-le-Rideau . . . . .26 A 1

B

Baccarat . . . . .20 B 2
Bacqueville-en-Caux . . . . . . .6 B 2
Badonviller . . . . .21 C 1
Bâgé-le-Châtel . . . . .37 D 1
Bagnères-de-Bigorre . . . . . .49 D 2
Bagnères-de-Luchon . . . . . .50 A 3
Bagnoles-de-l'Orne . . . . . . .15 D 2
Bagnols-les-Bains . . . . .44 B 2
Bagnols-sur-Cèze . . . . .45 C 3

Baignes-Sainte-Radegonde .33 C 3
Baigneux-les-Juifs . . . . .29 D 1
Bailleul . . . . .3 C 2
Bain-de-Bretagne . . . . .14 B 3
Bains-les-Bains . . . . .20 B 3
Bais . . . . .15 D 2
Balaruc-les-Bains . . . . .52 B 2
Balbigny . . . . .37 C 2
Balleroy-sur-Drôme . . . . .5 C 2
Ballon-Saint Mars . . . . .15 D 2
Bandol . . . . .54 A 2
Bannalec . . . . .12 B 3
Banon . . . . .46 A 3
Banyuls-sur-Mer . . . . .57 D 3
Bapaume . . . . .3 C 3
Bar-le-Duc . . . . .19 D 1
Bar-sur-Aube . . . . .19 C 2
Le Bar-sur-Loup . . . . .47 C 3
Bar-sur-Seine . . . . .19 C 2
Baraqueville . . . . .43 C 2
Barbazan . . . . .50 A 2
Barbezieux-Saint-Hilaire . . .33 C 3
Barbizon . . . . .17 D 2
Barbotan-les-Thermes . . . . .41 C 3
Barcelonnette . . . . .47 C 2
Barèges . . . . .49 D 2
Barentin . . . . .6 B 2
Barenton . . . . .15 C 1
Barfleur . . . . .4 B 1
Barjac . . . . .45 C 3
Barjols . . . . .54 B 1
Barneville-Carteret . . . . .4 B 2
Barr . . . . .21 C 2
Barre-des-Cévennes . . . . . . .44 B 2
Barrême . . . . .46 B 3
La Barthe-de-Neste . . . . . . .49 D 2
Bas-en-Basset . . . . .36 B 3
La Bassée . . . . .3 C 2
Bassens . . . . .41 C 1
Bastelica . . . . .55 D 3
Bastia . . . . .55 D 1
La Bastide-Clairence . . . . . .48 B 1
La Bastide-de-Sérou . . . . . .50 B 2
La Bâtie-Neuve . . . . .46 B 1
Batz-sur-Mer . . . . .22 B 3
Baud . . . . .13 D 3
Baugé-en-Anjou . . . . .25 D 1
Baugy . . . . .28 A 2
La Baule . . . . .22 B 3
Baume-les-Dames . . . . .31 C 1
Les Baux-de-Provence . . . . .53 D 2

Bavay	8 B 1	
Bayeux	5 C 2	
Bayon	20 B 2	
Bayonne	48 A 1	
Bazas	41 C 2	
Bazoches-sur-Hoëne	16 A 2	
Beaucaire	45 C 3	
Beaufort (Jura)	30 A 3	
Beaufort (Savoie)	38 B 2	
Beaufort-en-Vallée	25 D 1	
Beaugency	17 C 3	
Beaujeu	37 C 1	
Beaulieu	47 D 3	
Beaulieu-sur-Dordogne	42 B 1	
Beaumesnil	6 A 3	
Beaumetz-lès-Loges	3 C 3	
Beaumont	7 D 3	
Beaumont-de-Lomagne	42 A 3	
Beaumont-du-Périgord	42 A 1	
Beaumont-Hague	4 A 1	
Beaumont-le-Roger	6 A 3	
Beaumont-sur-Sarthe	15 D 2	
Beaune	29 D 2	
Beaune-la-Rolande	17 D 3	
Beaupréau-en-Mauges	25 C 2	
Beaurepaire	37 D 3	
Beaurepaire-en-Bresse	30 A 3	
Le Beausset	54 A 2	
Beauvais	7 C 3	
Beauvoir-sur-Mer	24 A 2	
Beauvoir-sur-Niort	33 C 1	
Le Bec-Hellouin	6 A 3	
Bécherel	14 A 2	
Bédarieux	52 A 2	
Beg-Meil	12 B 3	
Bégard	13 C 1	
La Bégude-de-Mazenc	45 D 2	
Bélâbre	26 B 3	
Belcaire	51 C 3	
Belfort	21 C 3	
Belgodère	55 D 2	
Belin	40 B 2	
Bellac	34 A 1	
Belle-Isle-en-Terre	13 C 1	
Bellegarde (Gard)	53 C 1	
Bellegarde (Loiret)	17 D 3	
Bellegarde-en-Marche	35 C 1	
Bellegarde-sur-Valserine	38 A 1	
Bellême	16 A 2	
Bellencombre	6 B 2	
Bellerive-sur-Allier	36 A 1	
Belleville	37 C 1	
Belley	38 A 2	
Belmont	37 C 1	
Belmont-sur-Rance	43 D 3	
Belpech	51 C 2	
Belvès	42 A 1	
Belz	13 C 3	
Bénévent-l'Abbaye	34 B 1	
Benfeld	21 D 2	
Bénodet	12 B 3	
Le Bény-Bocage	5 C 3	
La Bérarde	46 B 1	
Berck-Plage	2 A 2	
Bergerac	41 D 1	
Bergues	3 C 1	
Berlaimont	8 B 1	
Bernaville	2 B 3	
Bernay	6 A 3	
Berre-l'Étang	53 D 2	
Besançon	30 B 1	
Besse-et-Saint-Anastaise	35 D 3	
Besse-sur-Issole	54 B 1	
Bessèges	44 B 2	
Bessines-sur-Gartempe	34 B 1	
Béthune	3 C 2	
Betz	8 A 3	
Beuil	47 C 2	
Beuzeville	6 A 3	
Beynac-et-Cazenac	42 A 1	
Beynat	34 B 3	
Les Bézards	17 D 3	
Béziers	52 A 3	
Biarritz	48 A 1	
Bidache	48 B 1	
Bidart	48 A 1	
Bierné	15 C 3	
Bierre-lès-Semur	29 C 1	
Billom	36 A 2	
Binic	13 D 1	
Le Biot	38 B 1	
Biscarrosse	40 A 2	
Biscarrosse-Plage	40 A 2	
Bischwiller	21 D 1	
Bitche	11 C 3	
Blagnac	50 B 1	
Blain	23 C 2	
Blainville	20 B 1	
Blâmont	20 B 1	
Le Blanc	26 B 3	
Blangy-le-Château	6 A 3	
Blangy-sur-Bresle	2 A 3	
Blanquefort	40 B 1	
Blanzac	33 D 3	
Blanzy	29 D 3	
Blaye	32 B 3	
Bléneau	18 A 3	
Blénod	20 A 1	
Blérancourt	8 A 2	
Bléré	26 B 1	
Blesle	36 A 3	
Bletterans	30 A 3	
Le Bleymard	44 B 2	
Bligny	29 D 2	
Blois	27 C 1	
Blonville-sur-Mer	5 D 2	
Bobigny	17 D 1	
Bocognano	55 D 2	
Boëge	38 B 1	
Boën-sur-Lignon	36 B 2	
Bohain-en-Vermandois	3 D 3	
Bois-d'Amont	30 B 3	
Bolbec	6 A 2	
Bollène	45 D 2	
Bologne	19 D 2	
Bonifacio	55 D 3	
Bonnat	34 B 1	
Bonnétable	16 A 2	
Bonneuil-Matours	26 B 2	
Bonneval	16 B 2	
Bonneval-sur-Arc	39 C 3	
Bonneville	38 B 1	
La Bonneville-sur-Iton	16 B 1	
Bonnières-sur-Seine	7 C 3	
Bonnieux	53 D 1	
Bonny-sur-Loire	28 A 1	
Boos	6 B 3	
Bordeaux	40 B 1	
Bordères-Louron	49 D 3	
Le Boréon	47 D 2	
Bormes-les-Mimosas	54 B 2	
Bort-les-Orgues	35 C 2	
Bouaye	23 C 3	
Boucau	48 A 1	
Bouchain	3 D 3	
Les Bouchoux	38 A 1	
Bouilly	18 B 2	
Boulay-Moselle	10 B 3	
Boulogne-sur-Gesse	50 A 2	
Boulogne-sur-Mer	2 A 2	
Bouloire	16 A 2	
Le Boulou	57 D 3	
Bourbon-Lancy	29 C 3	

Bourbon-l'Archambault.....28 A 3
Bourbonne-les-Bains ....20 A 3
La Bourboule ....35 D 2
Bourbourg ....2 B 1
Bourbriac ....13 C 1
Bourdeaux ....45 D 2
Bourdeilles ....33 D 3
Bourg ....32 B 3
Bourg-Achard ....6 A 3
Bourg-Argental.............37 C 3
Bourg-de-Péage.............37 D 3
Bourg-de-Visa ....42 A 2
Le Bourg-d'Oisans ....38 B 3
Bourg-en-Bresse............37 D 1
Bourg-Lastic...............35 D 2
Bourg-Madame..............56 B 3
Bourg-Saint-Andéol.........45 C 2
Bourg-Saint-Maurice.......39 C 2
Bourganeuf.................34 B 2
Bourges ....27 D 2
Le Bourget-du-Lac.........38 A 2
Bourgneuf-en-Retz........23 C 3
Bourgoin-Jallieu.........37 D 3
Bourgueil..................26 A 1
Bourmont ....20 A 2
Le Bousquet-d'Orb ....52 A 3
Boussac ....35 C 1
Boussens ....50 A 2
Bouxwiller.................21 C 1
Bouzonville...............10 B 3
Boves......................7 D 2
Bozel ....39 C 2
Bozouls...................43 D 2
Bracieux ....27 C 1
Braine ....8 A 3
Brancion ....29 D 3
Branne ....41 C 1
Brantôme-en-Périgord .....33 C 3
Brassac ....51 D 1
Brassac-les-Mines.........36 A 3
Bray ....3 C 3
Bray-Dunes................3 C 1
Bray-sur-Seine ....18 A 2
Brécey.....................4 B 3
La Brède...................41 C 1
Bréhal ....4 B 3
Breil-sur-Roya ....47 D 3
Brennilis.................12 B 2
Brénod ....38 A 1
Bresles ....7 D 3
La Bresse ....21 C 3

Bressuire ....25 D 2
Brest ....12 A 2
Bretenoux ....42 B 2
Breteuil-sur-Iton (Eure).....16 B 1
Breteuil (Oise) ....7 D 2
Brezolles ....16 B 1
Briançon..................47 C 1
Briare....................28 A 1
Bricquebec-en-Cotentin ....4 B 2
Brides-les-Bains ....38 B 2
Brie-Comte-Robert ....17 D 1
Briec ....12 B 2
Brienne-le-Château........19 C 2
Brienon...................18 B 3
Briey ....10 A 3
Brignogan-Plages ....12 B 1
Brignoles ....54 B 1
Brinon-sur-Beuvron ....28 B 1
Brionne ....6 A 3
Brioude...................36 A 3
Brioux-sur-Boutonne ......33 C 1
Briouze ....15 D 1
Brissac-Quincé............25 D 1
Brive-la-Gaillarde........34 B 3
Broglie ....6 A 3
Broons ....14 A 2
Brossac ....33 C 3
Brou (Ain)................37 D 1
Brou (Eure-et-Loir).......16 B 2
Brouage ....32 B 2
Bruay-la-Buissière ....3 C 2
Bruay-sur-l'Escaut ....3 D 2
Brûlon ....15 D 3
Brumath ....21 D 1
Bruniquel................42 B 3
Bruyères ....20 B 2
Bubry ....13 C 3
Buchy ....6 B 2
Bugeat ....35 C 2
Le Bugue ....42 A 1
Buis-les-Baronnies........45 D 2
Le Buisson-
  de-Cadouin ....42 A 1
Bulgnéville ....20 A 2
Bully ....3 C 2
Burie ....33 C 2
Bussang ....21 C 3
Bussière-Badil............33 D 2
Buxy ....29 D 3
Buzançais ....27 C 2
Buzancy ....9 D 3

C

Les Cabannes..............51 C 3
Cabourg....................5 D 2
Cabrerets.................42 B 2
Cadenet...................46 A 3
Cadillac..................41 C 1
Cadouin...................42 A 1
Caen ....5 D 2
Cagnes-sur-Mer ....47 D 3
Cahors....................42 B 2
Cajarc....................42 B 2
Calacuccia................55 D 2
Calais.....................2 B 1
Calenzana.................55 D 2
Callac....................13 C 2
Callas....................55 C 1
Calvi.....................55 D 2
Camarès...................43 D 3
Camaret-sur-Mer ....12 A 2
Cambo-les-Bains ....48 A 1
Cambrai....................3 D 3
Cambremer ....5 D 2
Campagne-lès-Hesdin ......2 B 2
Campan...................49 D 2
Cancale ....4 A 3
Cancon ....41 D 2
Candé ....25 C 1
Candes-Saint-Martin.......26 A 2
Canet-Plage ....57 D 2
Canisy ....4 B 3
Cannes ....55 C 1
La Canourgue ....44 A 2
Cany-Barville ....6 A 2
Le Cap-d'Agde............52 B 3
Cap Ferret ....40 A 1
Capbreton.................48 A 1
Capdenac-Gare.............43 C 2
La Capelle ....8 B 1
Capendu ....51 D 2
Capestang.................52 A 3
Captieux ....41 C 2
Capvern ....49 D 2
Caraman ....51 C 1
Carantec ....12 B 1
Carbon-Blanc..............41 C 1
Carbonne ....50 B 2
Carcans...................32 B 3
Carcans-Plage ....32 B 3
Carcassonne...............51 D 2
Carcès ....54 B 1

A
B
C
D
E
F
G
H
I
J
K
L
M
N
O
P
Q
R
S
T
U
V
W
X
Y
Z

Carentan-les-Marais	4 B 2	
Cargèse	55 C 2	
Carhaix-Plouguer	13 C 2	
Carignan	9 D 2	
Carling	10 B 3	
Carmaux	43 C 3	
Carnac	22 A 2	
Carnon-Plage	52 B 2	
Carolles	4 B 3	
Carpentras	45 D 3	
Carquefou	23 D 3	
Carqueiranne	54 B 2	
Carro	53 D 2	
Carrouges	15 D 1	
Carry-le-Rouet	53 D 2	
Carteret	4 B 2	
Carvin	3 C 2	
Cassagnes-Bégonhès	43 D 3	
Cassel	3 C 1	
Cassis	54 A 2	
Castanet-Tolosan	50 B 1	
Casteljaloux	41 D 2	
Castellane	47 C 3	
Castelmoron-sur-Lot	41 D 2	
Castelnau-de-Médoc	40 B 1	
Castelnau-de-Montmiral	42 B 3	
Castelnau-Magnoac	50 A 2	
Castelnau-Montratier	42 B 2	
Castelnau-Rivière-Basse	49 D 1	
Castelnaudary	51 C 2	
Castelsarrasin	42 A 3	
Castets	40 A 3	
Castillon-en-Couserans	50 A 2	
Castillon-la-Bataille	41 C 1	
Castillonnès	41 D 1	
Castres	51 C 1	
Castries	52 B 2	
Le Cateau	3 D 3	
Le Catelet	3 D 3	
Cattenom	10 A 2	
Catus	42 B 2	
Caudebec-en-Caux	6 A 2	
Caudry	3 D 3	
Caulnes	14 A 2	
Caumont-l'Éventé	5 C 3	
Caunes-Minervois	51 D 2	
Caussade	42 B 3	
Cauterets	49 D 3	
Cavaillon	45 D 3	
Cavalaire-sur-Mer	55 C 2	
La Cavalerie	44 A 3	

Cavalière	54 B 2	
Cayeux-sur-Mer	2 A 3	
Le Caylar	44 A 3	
Caylus	42 B 2	
Cayres	44 B 1	
Cazals	42 A 1	
Cazaubon	41 C 3	
Cazaux	40 A 2	
Cazères	50 A 2	
Celles-sur-Belle	33 C 1	
Censeau	30 B 2	
Cerbère	57 D 3	
Céret	51 D 3	
Cergy	7 C 3	
Cérilly	28 A 3	
Cerisiers	18 A 3	
Cerisy-la-Salle	4 B 3	
Cerizay	25 D 2	
Cernay	21 C 3	
Cervione	55 D 2	
Ceyrat	35 D 2	
Ceyzériat	37 D 1	
Chabanais	34 A 2	
Chabeuil	45 D 1	
Chablis	18 B 3	
Chabris	27 C 2	
Chagny	29 D 2	
Chailland	15 C 2	
Chaillé-les-Marais	25 C 3	
La Chaise-Dieu	36 B 3	
Chalabre	51 C 2	
Chalais	33 D 3	
Chalamont	37 D 1	
Chalampé	21 D 3	
Chalindrey	19 D 3	
Challans	24 B 2	
Challes-les-Eaux	38 A 2	
Chalon-sur-Saône	29 D 3	
Chalonnes-sur-Loire	25 D 1	
Châlons-en-Champagne	19 C 1	
Châlus	34 A 2	
Chambéry	38 A 2	
Chambley	10 A 3	
Chambly	7 D 3	
Le Chambon-Feugerolles	37 C 3	
Chambon-sur-Lac	35 D 2	
Le Chambon-sur-Lignon	37 C 3	
Chambon-sur-Voueize	35 C 1	
Chambord	27 C 1	
La Chambre	38 B 3	
Chamonix-Mont-Blanc	39 C 1	

Champagnac-de-Belair	33 D 3	
Champagne-Mouton	33 D 1	
Champagnole	30 B 3	
Champdeniers-Saint-Denis	25 D 3	
Champeaux	14 B 2	
Champeix	36 A 2	
Champlitte	30 A 1	
Champs-sur-Tarentaine	35 D 2	
Champtoceaux	23 D 3	
Chamrousse	38 A 3	
Chanac	44 A 2	
Chanas	37 D 3	
Chantelle	36 A 1	
Chantemerle	46 B 1	
Chantilly	7 D 3	
Chantonnay	25 C 3	
Chaource	18 B 3	
La Chapelle-d'Angillon	27 D 1	
La Chapelle-de-Guinchay	37 D 1	
La Chapelle-en-Valgaudémar	46 B 1	
La Chapelle-en-Vercors	46 A 1	
Charbonnières	37 C 2	
Charenton-du-Cher	28 A 3	
La Charité-sur-Loire	28 A 2	
Charleville-Mézières	9 C 2	
Charlieu	36 B 1	
Charly-sur-Marne	18 A 1	
Charmes	20 B 2	
Charny-Orée-de-Puisaye	18 A 3	
Charny-sur-Meuse	9 D 3	
Charolles	29 C 3	
Chârost	27 D 2	
Charquemont	31 C 1	
Charroux	33 D 1	
La Chartre-sur-le-Loir	16 A 3	
Chartres	16 B 2	
Chasseneuil-sur-Bonnieure	33 D 2	
La Châtaigneraie	25 D 3	
Château-Arnoux-Saint-Auban	46 B 3	
Château-Chinon	29 C 2	
Le Château-d'Oléron	32 B 2	
Château-du-Loir	16 A 3	
Château-Gontier	15 C 3	
Château-la-Vallière	26 A 1	
Château-Landon	17 D 3	
Château-Porcien	8 B 2	
Château-Queyras	47 C 1	
Château-Regnault	9 C 2	
Château-Renard	18 A 3	

Château-Renault ....**26 B 1**
Château-Salins ....**20 B 1**
Château-Thierry ....**8 A 3**
Châteaubourg..............**14 B 2**
Châteaubriant..............**14 B 3**
Châteaudun................**16 B 3**
Châteaugiron...............**14 B 3**
Châteaulin.................**12 B 2**
Châteaumeillant...........**27 D 3**
Châteauneuf-de-Randon ..**44 B 1**
Châteauneuf-
  d'Ille-et-Vilaine...........**14 A 1**
Châteauneuf-du-Faou .....**12 B 2**
Châteauneuf-du-Pape.....**45 D 3**
Châteauneuf-en-Thymerais.**16 B 2**
Châteauneuf-la-Forêt......**34 B 2**
Châteauneuf-les-Bains.....**35 D 1**
Châteauneuf-sur-Charente .**33 C 2**
Châteauneuf-sur-Cher......**27 D 2**
Châteauneuf-sur-Loire.....**17 D 3**
Châteauneuf-sur-Sarthe ..**15 C 3**
Châteauponsac.............**34 A 1**
Châteaurenard ....**45 D 3**
Châteauroux...............**27 C 2**
Châteauvillain.............**19 D 3**
Châtel....................**31 C 3**
Châtel-Guyon..............**35 D 2**
Châtel-Montagne..........**36 B 1**
Châtel-sur-Moselle ....**20 B 2**
Châtelaillon-Plage.........**32 B 1**
Le Châtelard..............**38 B 2**
Châtelaudren..............**13 D 1**
Châteldon.................**36 A 1**
Le Châtelet................**27 D 3**
Le Châtelet-en-Brie........**17 D 2**
Châtellerault ....**26 A 2**
Châtelus-Malvaleix........**35 C 1**
Châtenois.................**20 A 2**
Châtillon-Coligny..........**17 D 3**
Châtillon-en-Bazois........**28 B 2**
Châtillon-en-Diois.........**46 A 1**
Châtillon-sur-Chalaronne...**37 D 1**
Châtillon-sur-Indre........**26 B 2**
Châtillon-sur-Loire.........**28 A 1**
Châtillon-sur-Marne ....**8 B 3**
Châtillon-sur-Seine........**19 C 3**
La Châtre.................**27 D 3**
Chaudes-Aigues...........**43 D 1**
Chauffailles...............**37 C 1**
Chaufour-lès-Bonnières...**16 B 1**
Chaulnes ....**7 D 2**

Chaumergy................**30 A 2**
Chaumont................**19 D 3**
Chaumont-en-Vexin ......**7 C 3**
Chaumont-sur-Loire ......**26 B 1**
Chauny...................**8 A 2**
Chaussin.................**30 A 2**
Chauvigny................**26 B 3**
Chazelles.................**37 C 2**
Chef-Boutonne ....**33 C 1**
Chemillé-en-Anjou ....**25 D 2**
Chemin...................**30 A 2**
Chênehutte-
  Trèves-Cunault ....**25 D 1**
Chénérailles ....**35 C 1**
Chenonceaux.............**26 B 1**
Cherbourg-en-Cotentin ...**4 B 1**
Chéroy...................**18 A 2**
Le Chesne ....**9 C 3**
Chevagnes ....**28 B 3**
Chevillon.................**19 D 2**
Chevreuse................**17 C 1**
Le Cheylard...............**45 C 1**
La Chèze ....**13 D 2**
Chinon...................**26 A 2**
Cholet...................**25 C 2**
Chorges..................**46 B 2**
Cintegabelle..............**50 B 2**
La Ciotat.................**54 B 2**
Cirey-sur-Vezouze ....**21 C 1**
Civray...................**33 D 1**
Clairvaux-les-Lacs ....**30 B 3**
Clamecy..................**28 B 1**
Claye ....**17 D 1**
La Clayette ....**37 C 1**
Clécy....................**5 C 3**
Clefmont.................**19 D 2**
Cléguérec................**13 D 2**
Clelles...................**46 A 1**
Clères ....**6 B 2**
Clermont.................**7 D 3**
Clermont-en-Argonne.....**9 D 3**
Clermont-Ferrand.........**35 D 2**
Clermont-l'Hérault ....**52 A 2**
Clerval ....**31 C 1**
Cléry-Saint-André ....**17 C 3**
Clisson...................**23 D 3**
Cloyes-sur-le-Loir.........**16 B 3**
Cluny....................**29 D 3**
La Clusaz ....**38 B 1**
Cluses ....**38 B 1**
Cognac..................**33 C 2**

Cogolin...................**55 C 1**
Coligny..................**30 A 3**
Collinée ....**13 D 2**
Collioure.................**57 D 3**
Collobrières ....**54 B 2**
Collonges ....**38 A 1**
Collonges-la-Rouge ....**42 B 1**
Colmar ....**21 C 2**
Colmars..................**47 C 2**
Cologne..................**50 A 1**
Colombey-les-Belles.......**20 A 1**
Colombey-
  les-Deux-Églises.........**19 D 2**
Combeaufontaine ....**20 A 3**
Combloux.................**38 B 2**
Combourg.................**14 A 2**
Combronde...............**35 D 1**
Comines..................**3 D 1**
Commentry...............**35 D 1**
Commercy.................**19 D 1**
Compiègne................**7 D 3**
Comps-sur-Artuby........**47 C 3**
Concarneau..............**12 B 3**
Conches-en-Ouche.........**16 B 1**
Condat...................**35 D 3**
Condé-en-Normandie ......**3 D 2**
Condé-en-Brie............**8 A 3**
Condé-sur-Noireau ....**5 C 3**
Condom..................**41 D 3**
Condrieu.................**37 D 3**
Conflans-en-Jarnisy.......**10 A 3**
Confolens ....**D 1**
Conlie ....**15 D 3**
Conliège ....**30 A 3**
Connerré ....**16 A 3**
Conques-en-Rouergue ....**43 C 2**
Le Conquet...............**12 A 2**
Les Contamines-Montjoie .**39 C 2**
Contres..................**27 C 1**
Contrexéville ....**20 A 2**
Conty ....**7 C 2**
Coray...................**12 B 2**
Corbeil-Essonnes ....**17 D 1**
Corbie...................**3 C 3**
Corbigny.................**28 B 1**
Corcieux.................**21 C 2**
Cordes-sur-Ciel ....**43 C 3**
Corlay ....**13 D 2**
Cormatin.................**29 D 3**
Cormeilles ....**6 A 3**
Cormery..................**26 B 1**

A B C D E F G H I J K L M N O P Q R S T U V W X Y Z

Cornimont...............21 C 3
Cornus.................44 A 3
Corps.................46 A 1
Corrèze................34 B 3
Corte.................55 D 2
Cosne-Cours-sur-Loire......28 A 1
Cosne-d'Allier...........28 A 3
Cossé-le-Vivien..........15 C 3
La Côte-Saint-André......37 D 3
Cotignac...............54 B 1
Couches...............29 D 2
Coucy-le-Château-
    Auffrique...............8 A 2
Couhé.................33 D 1
Couilly-Pont-aux-Dames...17 D 1
Couiza.................51 D 2
Coulanges-la-Vineuse.....18 B 3
Coulanges-sur-Yonne......28 B 1
Coulommiers............18 A 1
Coulon.................33 C 1
Coulonges-sur-l'Autize....25 D 3
Couptrain..............15 D 2
Cour-Cheverny..........27 C 1
Courchevel.............38 B 3
Courçon...............32 B 1
Cournon-d'Auvergne......36 A 2
La Couronne............33 D 2
Courpière..............36 A 2
Cours.................37 C 1
Coursan...............52 A 3
Coursegoules...........47 C 3
Courseulles-sur-Mer......5 D 2
Courson-les-Carrières.....28 B 1
Courtenay.............18 A 3
Courthézon.............45 D 3
La Courtine.............35 C 2
Courtomer.............16 A 1
Courville-sur-Eure.......16 B 2
Coussey...............20 A 2
Coutances..............4 B 3
Coutras................41 C 1
La Couvertoirade........44 A 3
Cozes.................32 B 2
Craon.................15 C 3
Craonne................8 B 3
Craponne-sur-Arzon......36 B 3
La Crau................54 B 2
Crécy-en-Ponthieu........2 B 3
Crécy-la-Chapelle.......17 D 1
Crécy-sur-Serre..........8 B 2
Creil...................7 D 3

Crémieu...............37 D 2
Créon.................41 C 1
Crépy-en-Valois..........7 D 3
Crest.................45 D 1
Créteil................17 D 1
Creully.................5 C 2
Le Creusot.............29 D 3
Creutzwald............10 B 3
Crèvecœur-le-Grand......7 C 2
Criel-sur-Mer...........2 A 3
Criquetot-l'Esneval.......6 A 2
Crocq.................35 C 2
Le Croisic.............22 B 3
La Croix-Valmer.........55 C 2
Le Crotoy..............2 A 3
Crozant...............27 C 3
Crozon................12 A 2
Cruseilles.............38 B 1
Cuers.................54 B 2
Cuiseaux..............30 A 3
Cuisery................29 D 3
Culan.................27 D 3
Culoz.................38 A 2
Cunlhat...............36 B 2
La Cure................30 B 3
Cusset.................36 A 1
Cysoing.................3 D 2

D

Dabo.................21 C 1
Damazan..............41 D 2
Damelevières...........20 B 1
Damgan................22 B 2
Dammartin-en-Goële......7 D 3
Dampierre.............30 B 2
Dampierre-sur-Salon.....30 A 1
Damville...............16 B 1
Damvillers..............9 D 3
Dangé-Saint-Romain......26 B 2
Dannemarie............21 C 3
Daoulas................12 B 2
Darney................20 A 2
Dax...................48 B 1
Deauville...............5 D 2
Decazeville............43 C 2
Decize.................28 B 3
Delle.................31 C 1
Delme.................20 B 1
Denain.................3 D 2
Derval.................23 D 2
Descartes.............26 B 2

Desvres.................2 B 2
Les Deux-Alpes.........38 B 3
Die...................45 D 1
Dieppe.................2 A 3
Dieulefit...............45 D 2
Dieulouard.............20 A 1
Dieuze................20 B 1
Digne-les-Bains.........46 B 3
Digoin................29 C 3
Dijon.................29 D 1
Dinan.................14 A 2
Dinard................14 A 1
Dives..................5 D 2
Divonne-les-Bains.......30 B 3
Dol-de-Bretagne.........14 A 1
Dole.................30 A 2
Domart-en-Ponthieu......2 B 3
Dombasle..............20 B 1
Domène................38 A 3
Domèvre-en-Haye.........20 A 1
Domfront-en-Poiraie.....15 C 1
Domme.................42 A 1
Dompaire..............20 B 2
Dompierre-sur-Besbre....28 B 3
Domrémy..............20 A 2
Donges................23 C 3
Le Donjon.............36 B 1
Donnemarie-Dontilly.....18 A 2
Donzenac..............34 B 3
Donzère...............45 D 2
Donzy.................28 A 1
Le Dorat..............34 A 1
Dordives...............17 D 3
Dormans................8 B 3
Dornes................28 B 3
Dortan................30 A 3
Douai..................3 D 2
Douarnenez............12 B 2
Doucier................30 B 3
Doudeville..............6 A 2
Doué-la-Fontaine.......25 D 2
Doulaincourt...........19 D 2
Doulevant-le-Château....19 D 2
Doullens................3 C 3
Dourdan...............17 C 2
Dourgne...............51 C 1
Douvaine..............31 C 3
Douvres-la-Délivrande....5 D 2
Dozulé.................5 D 2
Draguignan............54 B 1
Dreux.................16 B 1

Droué . . . .**16 B 3**
Drulingen . . . .**21 C 1**
Drusenheim . . . .**21 D 1**
Ducey-les-Chéris . . . .**14 B 1**
Duclair . . . .**6 A 2**
Duingt . . . .**38 B 2**
Dun-le-Palestel . . . .**34 B 1**
Dun-sur-Auron . . . .**28 A 2**
Dun-sur-Meuse . . . .**9 D 3**
Dunkerque . . . .**3 C 1**
Duras . . . .**41 D 1**
Durban-Corbières . . . .**51 D 2**
Durtal . . . .**15 D 3**

E

Eaux-Bonnes . . . .**49 C 2**
Eauze . . . .**41 D 3**
Ébreuil . . . .**35 D 1**
Les Écharmeaux . . . .**37 C 1**
Les Échelles . . . .**38 A 3**
Écommoy . . . .**15 D 3**
Écos . . . .**7 C 3**
Écouché . . . .**5 D 3**
Écueillé . . . .**27 C 2**
Égletons . . . .**35 C 3**
Éguzon . . . .**27 C 3**
Elbeuf . . . .**6 B 3**
Elne . . . .**57 C 3**
Éloyes . . . .**20 B 2**
Elven . . . .**13 D 3**
Embrun . . . .**46 B 1**
Encausse-les-Thermes . . . . .**50 A 2**
Ennezat . . . .**36 A 2**
Ensisheim . . . .**21 C 3**
Entraygues-sur-Truyère . . . .**43 D 1**
Entrevaux . . . .**47 C 3**
Envermeu . . . .**2 A 3**
Épernay . . . .**8 B 3**
Épernon . . . .**17 C 1**
Épinac . . . .**29 D 2**
Épinal . . . .**20 B 2**
L'Épine . . . .**19 C 1**
Erbalunga . . . .**55 D 1**
Ermenonville . . . .**7 D 3**
Ernée . . . .**15 C 2**
Erquy . . . .**13 D 1**
Erstein . . . .**21 D 2**
Ervy-le-Châtel . . . .**18 B 3**
L'Escarène . . . .**47 D 3**
Espalion . . . .**43 D 2**
Espelette . . . .**48 A 1**

Les Essarts . . . .**25 C 3**
Essoyes . . . .**19 C 3**
Estagel . . . .**51 D 2**
Estaing . . . .**43 D 2**
Estaires . . . .**3 C 2**
Esternay . . . .**18 A 1**
Estissac . . . .**18 B 2**
Estrées-Saint-Denis . . . .**7 D 3**
Étables-sur-Mer . . . .**13 D 1**
Étain . . . .**9 D 3**
Étampes . . . .**17 C 2**
Étang-sur-Arroux . . . .**29 C 2**
Étaples . . . .**2 A 2**
Étel . . . .**13 C 3**
Étrépagny . . . .**7 C 3**
Étretat . . . .**5 D 1**
Eu . . . .**2 A 3**
Eugénie-les-Bains . . . .**49 C 1**
Évaux-les-Bains . . . .**35 C 1**
Évian . . . .**31 C 3**
Évisa . . . .**55 D 2**
Évran . . . .**14 A 2**
Évrecy . . . .**5 C 3**
Évreux . . . .**6 B 3**
Évron . . . .**15 D 2**
Évry . . . .**17 D 1**
Excideuil . . . .**34 A 3**
Exmes . . . .**5 D 3**
Eyguières . . . .**53 D 2**
Eygurande . . . .**35 C 2**
Eymet . . . .**41 D 1**
Eymoutiers . . . .**34 B 2**
Les Eyzies-de-Tayac . . . .**42 A 1**
Èze . . . .**47 D 3**

F

Facture . . . .**40 B 1**
Falaise . . . .**5 D 3**
Fameck . . . .**10 A 3**
Fanjeaux . . . .**51 C 2**
Le Faou . . . .**12 B 2**
Le Faouët . . . .**13 C 2**
Faucogney-et-la-Mer . . . . . .**20 B 3**
Faulquemont . . . .**10 B 3**
Fauquembergues . . . .**2 B 2**
Fauville-en-Caux . . . .**6 A 2**
Faverges . . . .**38 B 2**
Faverney . . . .**20 A 3**
Fay-sur-Lignon . . . .**45 C 1**
Fayence . . . .**55 C 1**
Fayl-Billot . . . .**20 A 3**

Fécamp . . . .**6 A 2**
La Féclaz . . . .**38 A 2**
Felletin . . . .**35 C 2**
Fénétrange . . . .**21 C 1**
La Fère . . . .**8 A 2**
Fère-Champenoise . . . .**18 B 1**
Fère-en-Tardenois . . . .**8 A 3**
Ferney-Voltaire . . . .**38 B 1**
Ferrette . . . .**31 D 1**
Ferrières-en-Gâtinais . . . . . .**17 D 3**
La Ferté-Alais . . . .**17 D 2**
La Ferté-Bernard . . . .**16 A 2**
La Ferté-en-Ouche . . . .**16 A 1**
La Ferté-Gaucher . . . .**18 A 1**
La Ferté-Macé . . . .**15 D 1**
La Ferté-Milon . . . .**8 A 3**
La Ferté-Saint-Aubin . . . . . .**17 C 3**
La Ferté-sous-Jouarre . . . . . .**18 A 1**
La Ferté-Vidame . . . .**16 A 1**
Feurs . . . .**37 C 2**
Feyzin . . . .**37 D 2**
Figeac . . . .**43 C 2**
Firminy . . . .**37 C 3**
Fismes . . . .**8 B 3**
Flaine . . . .**38 B 1**
La Flèche . . . .**15 D 3**
Flers . . . .**5 C 3**
Fleurance . . . .**41 D 3**
Fleury . . . .**17 D 2**
Fleury-sur-Andelle . . . .**6 B 3**
Flixecourt . . . .**2 B 3**
Flize . . . .**9 C 2**
Flogny . . . .**18 B 3**
Florac-Trois-Rivières . . . .**44 B 2**
Florensac . . . .**52 A 2**
Flumet . . . .**38 B 2**
Foix . . . .**50 B 2**
Le Folgoët . . . .**12 B 1**
Font-Romeu-Odeillo-Via . . . .**51 C 3**
Fontaine . . . .**21 C 3**
Fontaine-de-Vaucluse . . . . .**45 D 3**
Fontaine-Française . . . .**30 A 1**
Fontaine-le-Dun . . . .**6 A 2**
Fontainebleau . . . .**17 D 2**
Fontenay-le-Comte . . . .**25 C 3**
Fontenay-Trésigny . . . .**17 D 2**
Fontevraud-l'Abbaye . . . . . .**26 A 2**
Fontgombault . . . .**26 B 3**
Fontoy . . . .**10 A 3**
Fontvieille . . . .**53 D 2**
Forbach . . . .**10 B 3**

Guînes . . . . **2 B 1**
Guingamp . . . . **13 C 1**
Guipavas . . . . **12 A 1**
Guiscard . . . . **8 A 2**
Guise . . . . **3 D 3**
Guîtres . . . . **41 C 1**
Gujan-Mestras . . . . **40 B 1**
Guzet-Neige . . . . **50 B 3**
Gy . . . . **30 B 1**

H

Habsheim . . . . **21 C 3**
Hagetmau . . . . **49 C 1**
Hagondange . . . . **10 A 3**
Haguenau . . . . **21 D 1**
Hallencourt . . . . **2 B 3**
Halluin . . . . **3 D 1**
Ham . . . . **8 A 2**
Hardelot-Plage . . . . **2 A 2**
Haroué . . . . **20 A 2**
Hasparren . . . . **48 B 1**
Haubourdin . . . . **3 C 2**
Hautefort . . . . **34 A 3**
Hauterives . . . . **37 D 3**
Hauteville-Lompnes . . . . **38 A 1**
Hautmont . . . . **8 B 1**
Le Havre . . . . **5 D 2**
Hayange . . . . **10 A 3**
La Haye-du-Puits . . . . **4 B 2**
La Haye-Pesnel . . . . **4 B 3**
Hazebrouck . . . . **3 C 2**
Héas . . . . **49 D 3**
Hédé-Bazouges . . . . **14 A 2**
Hendaye . . . . **48 A 1**
Hénin-Beaumont . . . . **3 C 2**
Hennebont . . . . **13 C 3**
Henrichemont . . . . **28 A 1**
Herbault . . . . **26 B 1**
Les Herbiers . . . . **25 C 2**
Herbignac . . . . **23 C 2**
Héricourt . . . . **31 C 1**
Hérisson . . . . **28 A 3**
L'Hermenault . . . . **25 C 3**
Herment . . . . **35 D 2**
Hesdin . . . . **2 B 2**
Hettange-Grande . . . . **10 A 2**
Heuchin . . . . **2 B 2**
Heyrieux . . . . **37 D 2**
Hiersac . . . . **33 C 2**
Hirsingue . . . . **21 C 3**
Hirson . . . . **8 B 1**

Hochfelden . . . . **21 D 1**
Le Hohwald . . . . **21 C 2**
Hondschoote . . . . **3 C 1**
Honfleur . . . . **5 D 2**
Hornoy-le-Bourg . . . . **7 C 2**
Hossegor . . . . **48 A 1**
Les Houches . . . . **39 C 1**
Houdain . . . . **3 C 2**
Houdan . . . . **17 C 1**
Houeillès . . . . **41 C 3**
Houlgate . . . . **5 D 2**
Hourtin . . . . **32 B 3**
Hucqueliers . . . . **2 B 2**
Huelgoat . . . . **12 B 2**
Hunspach . . . . **11 D 3**
Huriel . . . . **35 C 1**
Hyères . . . . **54 B 2**

I

L'Île-Bouchard . . . . **26 A 2**
L'Île-Rousse . . . . **55 D 2**
Ille-sur-Têt . . . . **51 D 3**
Illhaeusern . . . . **21 C 2**
Illiers-Combray . . . . **16 B 2**
Imphy . . . . **28 B 2**
Ingrandes . . . . **25 C 1**
Ingwiller . . . . **21 C 1**
Is-sur-Tille . . . . **30 A 1**
Isigny-sur-Mer . . . . **5 C 2**
L'Isle-Adam . . . . **7 D 3**
L'Isle-d'Abeau . . . . **37 D 2**
L'Isle-de-Noé . . . . **49 D 1**
L'Isle-en-Dodon . . . . **50 A 1**
L'Isle-Jourdain (Gers) . . . . **50 B 1**
L'Isle-Jourdain (Vienne) . . . . . **34 A 1**
L'Isle-sur-la-Sorgue . . . . **45 D 3**
L'Isle-sur-le-Doubs . . . . **31 C 1**
L'Isle-sur-Serein . . . . **29 C 1**
Isola 2000 . . . . **47 D 2**
Les Issambres . . . . **55 C 1**
Issigeac . . . . **41 D 1**
Issoire . . . . **36 A 2**
Issoudun . . . . **27 D 2**
Issy-l'Évêque . . . . **29 C 3**
Istres . . . . **53 D 2**
Ivry-la-Bataille . . . . **16 B 1**
Izernore . . . . **38 A 1**

J

Jaligny-sur-Besbre . . . . **28 B 3**
Janville . . . . **17 C 2**

Janzé . . . . **14 B 3**
Jard-sur-Mer . . . . **24 B 3**
Jargeau . . . . **17 C 3**
Jarnac . . . . **33 C 2**
Jarnages . . . . **35 C 1**
Jarny . . . . **10 A 3**
Jaunay-Clan . . . . **26 A 3**
Jausiers . . . . **47 C 2**
La Javie . . . . **46 B 2**
Javron . . . . **15 D 2**
Jegun . . . . **41 D 3**
Jeumont . . . . **8 B 1**
Joigny . . . . **18 A 3**
Joinville . . . . **19 D 2**
Jonzac . . . . **33 C 3**
Josselin . . . . **13 D 3**
Jouarre . . . . **18 A 1**
Joué-lès-Tours . . . . **26 B 1**
Jougne . . . . **31 C 2**
Joyeuse . . . . **45 C 2**
Juan-les-Pins . . . . **55 D 1**
Jugon-les-Lacs . . . . **14 A 2**
Juillac . . . . **34 B 3**
Jullouville . . . . **4 B 3**
Jumeaux . . . . **36 A 3**
Jumièges . . . . **6 A 3**
Jumilhac-le-Grand . . . . **34 A 3**
Juniville . . . . **9 C 3**
Jussey . . . . **20 A 3**
Juvigny-le-Tertre . . . . **15 C 1**
Juvigny-sous-Andaine . . . . . . **15 C 2**
Juzennecourt . . . . **19 D 2**

K

Kaysersberg-Vignoble . . . . . . **21 C 2**
Kembs . . . . **21 D 3**
Kernascléden . . . . **13 C 3**

L

Labastide-Murat . . . . **42 B 1**
Labastide-Rouairoux . . . . **51 D 1**
Labouheyre . . . . **40 B 2**
Labrit . . . . **40 B 3**
Labruguière . . . . **51 D 1**
Lacanau . . . . **40 B 1**
Lacanau-Océan . . . . **40 A 1**
Lacapelle-Marival . . . . **43 C 1**
Lacaune . . . . **51 D 1**
Lacq . . . . **49 C 1**
Laferté-sur-Amance . . . . **20 A 3**
Laffrey . . . . **38 A 3**

A

Lafrançaise . . . . .42 **A 3**
Lagnieu . . . . .37 **D 1**
Lagny . . . . .17 **D 1**
Lagrasse. . . . . .51 **D 2**
Laguépie . . . . .43 **C 3**
Laguiole . . . . .43 **D 1**
Laignes. . . . . .19 **C 3**
Laissac-Sévérac-l'Église . . . .43 **D 2**
Lalbenque. . . . . .42 **B 2**
Lalinde .42 **A 1**
Lalouvesc . . . . .37 **C 3**
Lamalou-les-Bains. . . . . .52 **A 2**
Lamarche. . . . . .20 **A 3**
Lamarque . . . . .32 **B 3**
Lamastre . . . . .45 **C 1**
Lamballe . . . . .13 **D 2**
Lambesc . . . . .53 **D 2**
Lamotte-Beuvron . . . . .27 **C 2**
Lampaul. . . . . .12 **A 1**
Lamure-sur-Azergues. . . . . . .37 **C 1**
Landerneau . . . . .12 **B 1**
Landévennec. . . . . .12 **B 2**
Landivisiau . . . . .12 **B 1**
Landivy . . . . .15 **C 2**
Landrecies. . . . . .8 **B 1**
Langeac . . . . .36 **A 3**
Langeais. . . . . .26 **A 1**
Langogne . . . . .44 **B 1**
Langon . . . . .41 **C 2**
Langres . . . . .19 **D 3**
Langrune-sur-Mer . . . . .5 **D 2**
Lanmeur . . . . .13 **C 1**
Lannemezan . . . . .49 **D 2**
Lannilis . . . . .12 **A 1**
Lannion . . . . .13 **C 1**
Lanouaille . . . . .34 **A 3**
Lans-en-Vercors . . . . .38 **A 3**
Lanslebourg-Mont-Cenis . . .39 **C 3**
Lanta . . . . .50 **B 1**
Lantosque . . . . .47 **D 3**
Lanvollon . . . . .13 **D 1**
Laon . . . . .8 **B 2**
Lapalisse . . . . .36 **B 1**
Lapleau . . . . .35 **C 3**
Laplume . . . . .41 **D 3**
Lapoutroie . . . . .21 **C 2**
Laragne-Montéglin. . . . . .46 **A 2**
Larche (Alpes-
   de-Haute-Provence). . . . . .47 **C 2**
Larche (Corrèze) . . . . .34 **B 3**
Largentière. . . . . .45 **C 2**

Larmor-Plage. . . . . .13 **C 3**
Laroque-d'Olmes. . . . . .51 **C 2**
Laroque-Timbaut. . . . . .42 **A 2**
Laroquebrou . . . . .43 **C 1**
Laruns .49 **C 2**
Lasalle. . . . . .44 **B 3**
Lassay-les-Châteaux. . . . . . . .15 **C 2**
Lassigny . . . . .7 **D 2**
Latour-de-France. . . . . .51 **D 3**
Latronquière . . . . .43 **C 1**
Laurière . . . . .34 **B 1**
Lauterbourg. . . . . .11 **D 3**
Lautrec. . . . . .51 **C 1**
Lauzerte. . . . . .42 **A 2**
Le Lauzet-Ubaye. . . . . .46 **B 2**
Lauzun .41 **D 2**
Laval . . . . .15 **C 3**
Le Lavandou . . . . .54 **B 2**
Lavardac . . . . .41 **D 3**
Lavaur. .51 **C 1**
Lavelanet. . . . . .51 **C 2**
Lavéra .53 **D 2**
Lavit-de-Lomagne. . . . . .42 **A 3**
Lavoûte-Chilhac. . . . . .36 **A 3**
La Léchère. . . . . .38 **B 2**
Les Lecques . . . . .54 **A 2**
Lectoure . . . . .41 **D 3**
Lédignan . . . . .45 **C 3**
Legé. . . . . .24 **B 2**
Léguevin . . . . .50 **B 1**
Lembach . . . . .11 **D 3**
Lembeye . . . . .49 **D 1**
Lempdes-sur-Allagnon . . . . .36 **A 3**
Lencloître . . . . .26 **A 2**
Lens . . . . .3 **C 2**
Léon . . . . .40 **A 3**
Léoncel . . . . .45 **D 1**
Léré . . . . .28 **A 1**
Lescar .49 **C 1**
Lescun .49 **C 2**
Lesneven . . . . .12 **B 1**
Lesparre-Médoc . . . . .32 **B 3**
Lessay. . . . . .4 **B 2**
Lestelle-Bétharram . . . . .49 **C 2**
Levens .47 **D 3**
Levet . . . . .27 **D 2**
Levie . . . . .55 **D 3**
Levier .30 **B 2**
Levroux . . . . .27 **C 2**
Lézardrieux. . . . . .13 **D 1**
Lézat-sur-Lèze. . . . . .50 **B 2**

Lezay. .33 **D 1**
Lézignan-Corbières. . . . . .51 **D 2**
Lezoux . . . . .36 **A 2**
Libourne . . . . .41 **C 1**
Liernais. . . . . .29 **C 2**
Lieurey .6 **A 3**
Liévin . . . . .3 **C 2**
Liffol-le-Grand. . . . . .20 **A 2**
Liffré . . . . .14 **B 2**
Lignières . . . . .27 **D 3**
Ligny-en-Barrois. . . . . .19 **D 1**
Ligny-le-Châtel . . . . .18 **B 3**
Ligueil .26 **B 2**
Lille . . . . .3 **D 2**
Lillebonne . . . . .6 **A 2**
Lillers. . . . . .3 **C 2**
Limoges . . . . .34 **A 2**
Limogne-en-Quercy. . . . . . . .42 **B 2**
Limonest . . . . .37 **D 2**
Limours-en-Hurepoix. . . . . . .17 **C 1**
Limoux . . . . .51 **C 2**
Le Lion-d'Angers . . . . .25 **D 1**
Lion-sur-Mer . . . . .5 **D 2**
Le Lioran . . . . .35 **D 3**
Lisieux . . . . .5 **D 2**
Lisle-sur-Tarn . . . . .42 **B 3**
Lit-et-Mixe. . . . . .40 **A 3**
Livarot-Pays-d'Auge . . . . .5 **D 3**
Liverdun . . . . .20 **A 1**
Livernon . . . . .42 **B 1**
Livron-sur-Drôme . . . . .45 **D 1**
Lizy-sur-Ourcq. . . . . .8 **A 3**
Loches .26 **B 2**
Locmariaquer . . . . .22 **B 2**
Locminé. . . . . .13 **D 3**
Locquirec. . . . . .13 **C 1**
Locronan . . . . .12 **B 2**
Loctudy. . . . . .12 **B 3**
Lodève . . . . .52 **A 2**
Loiron-Ruillé . . . . .15 **C 3**
Lombez . . . . .50 **A 1**
La Londe-les-Maures . . . . . . .54 **B 2**
Londinières. . . . . .6 **B 2**
Longeau. . . . . .19 **D 3**
Longny-au-Perche. . . . . .16 **A 2**
Longué . . . . .25 **D 1**
Longueville-sur-Scie. . . . . .6 **B 2**
Longuyon . . . . .9 **D 2**
Longwy. . . . . .10 **A 2**
Lons-le-Saunier. . . . . .30 **A 3**
Lorgues . . . . .54 **B 1**

Lorient ....13 **C 3**
Loriol-sur-Drôme ....45 **D 1**
Lormes ....29 **C 1**
Le Loroux-Bottereau.......23 **D 3**
Lorquin ....21 **C 1**
Lorrez-le-Bocage ....17 **C 2**
Lorris ....17 **D 3**
Loudéac...................13 **D 2**
Loudes ....36 **B 3**
Loudun ....26 **A 2**
Loué ....15 **D 3**
Louhans-Châteaurenaud ...30 **A 3**
Loulay ....33 **C 1**
La Loupe ....16 **B 2**
Lourdes ....49 **D 2**
Le Louroux-Béconnais .....25 **C 1**
Louviers .... 6 **B 3**
Louvigné-du-Désert.......14 **B 2**
Lubersac ....34 **B 3**
Le Luc ....54 **B 1**
Luc-en-Diois..............46 **A 1**
Luc-sur-Mer .... 5 **D 2**
Lucenay-l'Évêque..........29 **C 2**
Luçon ....25 **C 3**
Le Lude...................26 **A 1**
Lumbres.................. 2 **B 2**
Lunas....................52 **A 2**
Lunel ....53 **C 2**
Lunéville ....20 **B 1**
Lurbe-Saint-Christau .....49 **C 2**
Lurcy-Lévis ....28 **A 3**
Lure ....20 **B 3**
Luri ....55 **D 1**
Lury-sur-Arnon ....27 **D 2**
Lusignan ....26 **A 3**
Lusigny-sur-Barse ....19 **C 2**
Lussac ....41 **C 1**
Lussac-les-Châteaux.......26 **B 3**
Lussan...................45 **C 3**
Lutzelbourg ....21 **C 1**
Luxeuil-les-Bains ....20 **B 3**
Luynes ....26 **A 1**
Luz-Saint-Sauveur ....49 **D 3**
Luzarches .... 7 **D 3**
Luzech ....42 **A 2**
Luzy.....................29 **C 3**
Lyon.....................37 **D 2**
Lyons-la-Forêt............. 6 **B 3**

M

Machault .... 9 **C 3**

Machecoul-St-Même ....24 **B 2**
La Machine ....28 **B 2**
Mâcon....................37 **D 1**
Maël-Carhaix ....13 **C 2**
Magnac-Bourg.............34 **B 2**
Magnac-Laval.............34 **A 1**
Magny-en-Vexin........... 7 **C 3**
Maîche ....31 **C 1**
Maignelay-Montigny .... 7 **D 2**
Maillezais.................25 **D 3**
Mailly-le-Camp ....18 **B 1**
Maintenon ....17 **C 1**
Maison-Neuve.............19 **C 2**
Maizières................10 **A 3**
Malaucène ....45 **D 2**
Malbuisson...............30 **B 2**
La Malène ....44 **A 2**
Malesherbes..............17 **D 2**
Malestroit ....22 **B 2**
Malicorne-sur-Sarthe .....15 **D 3**
Malo-les-Bains............ 3 **C 1**
Le Malzieu-Ville..........44 **A 1**
Mamers ....16 **A 2**
Mandelieu-la-Napoule.....55 **C 1**
Manosque.................46 **A 3**
Le Mans ....15 **D 3**
Mansle ....33 **D 2**
Mantes-la-Jolie...........17 **C 1**
Manzat ....35 **D 1**
Marans ....32 **B 1**
Marchaux.................30 **B 1**
Marchenoir...............16 **B 3**
Marchiennes............... 3 **D 2**
Marciac ....49 **D 1**
Marcigny ....36 **B 1**
Marcillac-Vallon ....43 **C 2**
Marcillat-en-Combraille ...35 **D 1**
Marcilly-le-Hayer ....18 **B 2**
Marckolsheim ....21 **D 2**
Marcoule ....45 **D 3**
Marennes ....32 **B 2**
Mareuil ....33 **D 3**
Mareuil-sur-Lay ....25 **C 3**
Marguerittes ....45 **C 3**
Marignane.................53 **D 2**
Marigny-le-Lozon .... 4 **B 3**
Marigny-le-Châtel ....18 **B 2**
Marines .... 7 **C 3**
Maringues.................36 **A 2**
Le Markstein..............21 **C 3**
Marle.................... 8 **B 2**

Marlenheim ....21 **C 1**
Marmande ....41 **D 2**
Marmoutier ....21 **C 1**
Marnay ....30 **B 1**
Marolles-les-Braults ....16 **A 2**
Marquion................. 3 **D 3**
Marquise .... 2 **B 1**
Mars-la-Tour ....10 **A 3**
Marseillan ....52 **B 2**
Marseille ....54 **A 1**
Marseille-en-Beauvaisis.... 7 **C 2**
Martel ....42 **B 1**
Marthon..................33 **D 3**
Martigné-Ferchaud........14 **B 3**
Martigny-les-Bains ....20 **A 2**
Martigues ....53 **D 2**
Marvejols................44 **A 2**
Mas-Cabardès ....51 **D 1**
Le Mas-d'Agenais ....41 **D 2**
Le Mas-d'Azil ....50 **B 2**
Masevaux-Niederbruck....21 **C 3**
Massat ....50 **B 3**
Le Massegros............44 **A 2**
Masseube ....50 **A 1**
Massiac ....36 **A 3**
Les Matelles ....52 **B 2**
Matha ....33 **C 2**
Matignon.................14 **A 1**
Matour ....37 **C 1**
Maubeuge................. 8 **B 1**
Maubourguet ....49 **D 1**
Maubuisson ....32 **B 3**
Mauguio ....52 **B 2**
Mauléon.................25 **D 2**
Mauléon-Barousse........50 **A 2**
Mauléon-Licharre ....48 **B 2**
Maure-de-Bretagne ....14 **A 3**
Mauriac ....35 **C 3**
Mauron..................14 **A 2**
Maurs ....43 **C 1**
Mauvezin ....50 **A 1**
Mauzé-sur-le-Mignon .....32 **B 1**
Mayenne ....15 **C 2**
Mayet ....16 **A 3**
Le Mayet-de-Montagne.....36 **B 1**
Mazagran .... 9 **C 3**
Mazamet.................51 **D 1**
Mazères ....51 **C 2**
Mazières-en-Gâtine ....25 **D 3**
Meaux...................17 **D 1**
Les Mées ....46 **B 3**

Megève ....**38 B 1**
Mehun-sur-Yèvre ....**27 D 2**
Meillant ....**28 A 3**
Le Mêle-sur-Sarthe ....**16 A 2**
Mélisey....................**20 B 3**
Melle ....**33 C 1**
Melun ....**17 D 2**
Menat ....**35 D 1**
Mende ....**44 A 2**
Ménigoute ....**25 D 3**
Mennetou-sur-Cher ....**27 D 1**
Mens ....**46 A 1**
Menthon ....**38 B 2**
Menton....................**47 D 3**
Les Menuires ....**38 B 3**
Mer.......................**16 B 3**
Mercœur ....**43 C 1**
Merdrignac ....**22 B 1**
Méréville ....**17 C 2**
Méribel ....**38 B 3**
Mérignac ....**40 B 1**
Le Merlerault ....**16 A 1**
Mers-les-Bains............**2 A 3**
Méru ....**7 C 3**
Merville ....**3 C 2**
Merville-Franceville .....**5 D 2**
Méry-sur-Seine ....**18 B 2**
Meschers-sur-Gironde .....**32 B 2**
Meslay-du-Maine..........**15 C 3**
Messei....................**5 C 3**
Mesvres ....**29 C 2**
Metz ....**10 A 3**
Metzervisse ....**10 A 3**
Meulan ....**17 C 1**
Meung-sur-Loire..........**17 C 3**
Meursault ....**29 D 2**
Meximieux ....**37 D 2**
Meymac ....**35 C 2**
Meyrueis ....**44 A 3**
Meyzieu ....**37 D 2**
Mèze ....**52 B 2**
Mézel ....**46 B 3**
Mézidon..................**5 D 3**
Mézières-en-Brenne ....**26 B 2**
Mézières-sur-Issoire .....**34 A 1**
Mézin ....**41 D 3**
Miélan...................**49 D 1**
Migennes.................**18 A 3**
Mijoux...................**30 B 3**
Millas...................**51 D 3**
Millau ....**43 D 3**

Milly-la-Forêt............**17 D 2**
Mimizan..................**40 A 2**
Mimizan-Plage............**40 A 2**
Mindin...................**23 C 3**
Mionnay..................**37 D 2**
Miramar ....**55 C 1**
Miramas ....**53 D 2**
Mirambeau................**33 C 3**
Miramont-de-Guyenne ......**41 D 2**
Mirande ....**49 D 1**
Mirebeau.................**26 A 3**
Mirebeau-sur-Bèze ....**30 A 1**
Mirecourt................**20 A 2**
Mirepoix ....**51 C 2**
Miribel ....**37 D 2**
Modane ....**39 C 3**
Moëlan-sur-Mer ....**13 C 3**
Moirans ....**38 A 3**
Moirans-en-Montagne .....**30 B 3**
Moisdon-la-Rivière ......**23 D 2**
Moissac ....**42 A 3**
Molières ....**42 B 3**
Molitg-les-Bains ....**51 D 3**
Molliens-Dreuil ....**7 C 2**
Molsheim ....**21 C 1**
Mon Idée ....**9 C 2**
Le Monastier-sur-Gazeille...**44 B 1**
Monbazillac ....**41 D 1**
Monclar-de-Quercy........**42 B 3**
Moncontour
  (Côtes-d'Armor) ....**13 D 2**
Moncontour (Vienne)......**26 A 2**
Moncoutant ....**25 D 3**
Mondoubleau ....**16 A 3**
Mondragon ....**45 D 2**
Monein ....**49 C 1**
Monestier-de-Clermont ...**46 A 1**
Monestiés ....**43 C 3**
Le Monêtier ....**38 B 3**
Monflanquin ....**42 A 2**
La Mongie ....**49 D 2**
Monistrol-d'Allier.......**44 B 1**
Monistrol-sur-Loire......**37 C 3**
Monpazier................**42 A 1**
Monségur ....**41 D 1**
Monsols ....**37 C 1**
Mont-de-Marsan ....**41 C 3**
Le Mont-Dore ....**35 D 2**
Mont-Louis ....**51 C 3**
Le Mont-Saint-Michel.....**14 B 1**
Mont-Saint-Vincent.......**29 D 3**

Mont-sous-Vaudrey........**30 A 2**
Montagnac................**52 B 2**
Montagrier...............**33 D 3**
Montaigu.................**25 C 2**
Montaigu-de-Quercy.......**42 A 2**
Montaigut................**35 D 1**
Montalieu-Vercieu........**37 D 2**
Montalivet-les-Bains.....**32 B 3**
Montargis................**17 D 3**
Montastruc-
  la-Conseillère ....**50 B 1**
Montauban................**42 B 3**
Montauban-de-Bretagne...**14 A 2**
Montbard ....**29 C 1**
Montbazens...............**43 C 2**
Montbazon................**26 B 1**
Montbéliard..............**31 C 1**
Montbenoît...............**31 C 2**
Montbozon................**30 B 1**
Montbrison...............**36 B 2**
Montbron.................**33 D 2**
Montceau-les-Mines.......**29 D 3**
Montcenis................**29 D 3**
Montchanin...............**29 D 3**
Montcornet...............**8 B 2**
Montcuq-en-
  Quercy-Blanc...........**42 A 2**
Montdidier...............**7 D 2**
Montebourg...............**4 B 2**
Montech..................**42 A 3**
Montélimar...............**45 D 2**
Montendre................**33 C 3**
Montereau-Fault-Yonne ...**18 A 2**
Montesquieu-Volvestre....**50 B 2**
Montesquiou..............**49 D 1**
Le Montet................**28 A 3**
Montfaucon...............**23 D 3**
Montfaucon-d'Argonne ....**9 D 3**
Montfaucon-en-Velay .....**37 C 3**
Montfort-en-Chalosse ....**48 B 1**
Montfort-l'Amaury ....**17 C 1**
Montfort-sur-Meu ....**14 A 2**
Montfort-sur-Risle ......**6 A 3**
Montgaillard ....**50 B 2**
Montgenèvre ....**47 C 1**
Montgiscard..............**50 B 1**
Montguyon................**33 C 3**
Monthermé ....**9 C 1**
Monthois ....**9 C 3**
Monthureux-sur-Saône ....**20 A 3**
Montier-en-Der...........**19 C 2**

A
B
C
D
E
F
G
H
I
J
K
L
M
N
O
P
Q
R
S
T
U
V
W
X
Y
Z

Montignac	34 A 3	
Montigny-le-Roi	19 D 3	
Montigny-sur-Aube	19 C 3	
Montivilliers	5 D 1	
Montjean-sur-Loire	25 C 1	
Montlhéry	17 D 1	
Montlieu-la-Garde	33 C 3	
Montlouis-sur-Loire	26 B 1	
Montluçon	35 D 1	
Montluel	37 D 2	
Montmarault	35 D 1	
Montmartin-sur-Mer	4 B 3	
Montmédy	9 D 2	
Montmélian	38 B 2	
Montmirail (Marne)	18 A 1	
Montmirail (Sarthe)	16 A 3	
Montmirey-le-Château	30 A 1	
Montmoreau-Saint-Cybard	33 D 3	
Montmorillon	26 B 3	
Montmort	18 B 1	
Montoire-sur-le-Loir	16 A 3	
Montpellier	52 B 2	
Montpezat-de-Quercy	42 B 2	
Montpezat-sous-Bauzon	45 C 1	
Montpon-Ménestérol	41 D 2	
Montpont-en-Bresse	30 A 3	
Montréal (Aude)	51 C 2	
Montréal (Gers)	41 D 2	
Montréal-la-Cluse	38 A 1	
Montredon-Labessonnié	51 D 1	
Montréjeau	50 A 2	
Montrésor	26 B 2	
Montret	30 A 3	
Montreuil	2 B 2	
Montreuil-Bellay	25 D 2	
Montrevault-sur-Èvre	25 C 1	
Montrevel-en-Bresse	30 A 3	
Montrichard-Val-de-Cher	26 B 1	
Montrond-les-Bains	37 C 2	
Monts-sur-Guesnes	26 A 2	
Montsalvy	43 C 1	
Montsauche	29 C 2	
Montsûrs	15 C 2	
Morcenx	40 B 3	
Mordelles	14 A 3	
Morée	16 B 3	
Morestel	38 A 2	
Moret-sur-Loing	17 D 2	
Moreuil	7 D 2	
Morez	30 B 3	
Morgat	12 A 2	
Morhange	10 B 3	
Morlaàs	49 C 1	
Morlaix	12 B 1	
Mormant	17 D 1	
Mormoiron	45 D 3	
Mornant	37 C 2	
Morosaglia	55 D 2	
Mortagne-au-Perche	16 A 2	
Mortagne-sur-Gironde	32 B 3	
Mortagne-sur-Sèvre	25 C 2	
Mortain-Bocage	15 C 1	
Morteau	31 C 2	
Mortrée	15 D 1	
Morzine	38 B 1	
La Mothe-Achard	24 B 3	
La Mothe-Saint-Héray	25 D 3	
La Motte-Chalancon	46 A 2	
La Motte-du-Caire	46 B 2	
Mouchard	30 B 2	
Mougins	55 C 1	
Mouilleron-en-Pareds	25 C 3	
Moulins	28 B 3	
Moulins-Engilbert	29 C 2	
Moulins-la-Marche	16 A 1	
Moult	5 D 3	
Mourenx	49 C 1	
Mourmelon-le-Grand	9 C 3	
Moustiers-Sainte-Marie	46 B 3	
Mouthe	30 B 3	
Mouthier	30 B 2	
Mouthoumet	51 D 2	
Moûtiers	38 B 2	
Moutiers-les-Mauxfaits	24 B 3	
Mouy	7 D 3	
Mouzon	9 D 2	
Moyenneville	2 B 3	
Mugron	40 B 3	
Mulhouse	21 C 3	
Munster	21 C 2	
Mur-de-Barrez	43 D 1	
Mûr-de-Bretagne	13 D 2	
Murat	35 D 3	
Murat-sur-Vèbre	51 D 1	
Murato	55 D 2	
La Mure	46 A 1	
Muret	50 B 1	
Muro	55 D 2	
Murol	35 D 2	
Murviel-lès-Béziers	52 A 2	
Mussidan	41 D 1	
Mussy-sur-Seine	19 C 3	
Le Muy	55 C 1	
Muzillac	22 B 2	

N

Nailloux	50 B 1	
Najac	43 C 2	
Nancy	20 A 1	
Nangis	18 A 2	
Nant	44 A 3	
Nanterre	17 C 1	
Nantes	23 D 3	
Nanteuil-le-Haudouin	7 D 3	
Nantiat	34 A 1	
Nantua	38 A 1	
La Napoule	55 C 1	
Narbonne	52 A 3	
Narbonne-Plage	52 A 3	
Nasbinals	43 D 1	
Naucelle	43 C 3	
Navarrenx	48 B 1	
Nay	49 C 1	
Négrepelisse	42 B 3	
Nemours	17 D 2	
Nérac	41 D 3	
Néris-les-Bains	35 D 1	
Néronde	37 C 2	
Nérondes	28 A 2	
Nesle	7 D 2	
Le Neubourg	6 B 3	
Neuf-Brisach	21 D 2	
Neufchâteau	20 A 2	
Neufchâtel-en-Bray	6 B 2	
Neufchâtel-sur-Aisne	8 B 3	
Neuillé-Pont-Pierre	26 A 1	
Neuilly-en-Thelle	7 D 3	
Neuilly-le-Réal	28 B 3	
Neuilly-l'Évêque	19 D 3	
Neuilly-Saint-Front	8 A 3	
Neung-sur-Beuvron	27 C 1	
La Neuve-Lyre	16 A 1	
Neuves-Maisons	20 A 1	
Neuvic (Corrèze)	33 D 3	
Neuvic (Hérault)	35 C 3	
Neuville	37 D 2	
Neuville-aux-Bois	17 C 3	
Neuville-de-Poitou	26 A 3	
Neuvy-le-Roi	26 B 1	
Neuvy-Saint-Sépulchre	27 C 3	
Neuvy-sur-Barangeon	27 D 1	
Névache	39 C 3	

A

Nevers.....................28 B 2
Nexon.....................34 A 2
Nice........................47 D 3
Niederbronn-les-Bains...11 D 3
Nieul.......................34 A 2
Nîmes......................45 C 3
Niort.......................33 C 1
Nitry........................29 C 1
Noailles....................7 C 3
Nœux........................3 C 2
Nogaro.....................41 C 3
Nogent.....................19 D 3
Nogent-le-Roi.............16 B 1
Nogent-le-Rotrou.........16 A 2
Nogent-sur-Seine.........18 A 2
Noirétable.................36 B 2
Noirmoutier-en-l'Île.....23 C 3
Nolay.......................29 D 2
Nomeny....................20 A 1
Nomexy....................20 B 2
Nonancourt...............16 B 1
Nonant-le-Pin.............15 D 1
Nontron...................33 D 2
Nonza......................55 D 1
Norrent-Fontes............3 C 2
Nort-sur-Erdre............23 D 2
Notre-Dame-
de-Bellecombe.........38 B 2
Nouan-le-Fuzelier........27 D 1
Nouvion-en-Ponthieu......2 B 3
Le Nouvion-en-Thiérache...8 B 1
Nouzonville................9 C 2
Noves......................45 D 3
Novion-Porcien.............9 C 2
Noyant.....................26 A 1
Noyers.....................18 B 3
Noyers-sur-Jabron.........46 A 2
Noyon.......................8 A 2
Nozay......................23 D 2
Nueil-les-Aubiers..........25 D 2
Nuits-Saint-Georges......29 D 2
Nyons......................45 D 2

O

Oberhaslach...............21 C 1
Obernai....................21 C 1
Objat.......................34 B 3
Offranville..................6 B 2
Oisemont....................2 B 3
Olargues...................52 A 2
Oletta......................55 D 2

Olette......................51 D 3
Olivet.......................17 C 3
Les Ollières...............45 C 1
Olliergues.................36 B 2
Ollioules...................54 A 2
Olmeto.....................55 D 3
Olonzac....................51 D 2
Oloron-Sainte-Marie......49 C 2
Onesse-Laharie...........40 B 2
Onzain.....................26 B 1
Oradour-sur-Glane........34 A 2
Oradour-sur-Vayres.......34 A 2
Oraison....................46 B 3
Orange.....................45 D 3
Orbec........................6 A 3
Orbey......................21 C 2
Orchies......................3 D 2
Orcières...................46 B 1
Orcival....................35 D 2
Orgelet.....................30 A 3
Orgères-en-Beauce........17 C 3
Orgon......................45 D 3
Origny-Sainte-Benoite.....8 A 2
Orléans....................17 C 3
Orly........................17 D 1
Ornans.....................30 B 2
Orpierre...................46 A 2
Orsay......................17 C 1
Orthez.....................48 B 1
Ossun......................49 D 2
Ottmarsheim..............21 D 3
Ouarville..................17 C 2
Oucques...................16 B 3
Ouistreham.................5 D 2
Oulchy-le-Château.........8 A 3
Ourville-en-Caux...........6 A 2
Oust.......................50 B 3
Ouzouer-le-Marché........16 B 3
Ouzouer-sur-Loire.........17 D 3
Oyonnax...................38 A 1

P

La Pacaudière.............36 B 1
Pacy-sur-Eure..............6 B 3
Pagny......................10 A 3
Paimbœuf..................23 C 3
Paimpol....................13 D 1
Paladru....................38 A 2
Le Palais...................22 A 3
Palaiseau..................17 D 1
Palavas-les-Flots.........52 B 2

Palinges...................29 C 3
La Pallice..................32 B 1
Palluau....................24 B 2
Pamiers....................50 B 2
Paramé......................4 A 3
Paray-le-Monial...........29 C 3
Parentis-en-Born..........40 B 2
Paris.......................17 D 1
Parthenay.................25 D 3
Pas-en-Artois..............3 C 3
Passais....................15 C 2
Patay......................17 C 3
Pau........................49 C 2
Pauillac...................32 B 3
Paulhaguet................36 A 3
Pavilly......................6 B 2
Payrac.....................42 B 1
Le Péage-de-Roussillon...37 D 3
Peïra-Cava................47 D 3
Pellegrue..................41 D 1
Le Pellerin.................23 C 3
Pélussin...................37 C 3
Pénestin...................22 B 2
Penne-d'Agenais.........42 A 2
Percy-en-Normandie.......4 B 3
Périers......................4 B 2
Périgueux..................34 A 3
Pernes-les-Fontaines.....45 D 3
Péronne.....................3 C 3
Pérouges...................37 D 2
Perpignan..................57 C 2
Perreux....................36 B 1
Perros-Guirec..............13 C 1
Le Perthus.................57 C 3
Pertuis....................54 A 1
Pervenchères..............16 A 2
Pesmes.....................30 A 1
La Petite-Pierre...........21 C 1
Petite-Rosselle............10 B 3
Petreto-Bicchisano........55 D 3
Peyrat-le-Château.........34 B 2
Peyrehorade...............48 B 1
Peyriac-Minervois.........51 D 2
Peyrolles-en-Provence....54 A 1
Peyruis....................46 B 3
Pézenas....................52 A 2
Phalsbourg................21 C 1
Piana......................55 C 2
Picquigny...................2 B 3
Piedicroce.................55 D 2
Piennes....................10 A 3

A
B
C
D
E
F
G
H
I
J
K
L
M
N
O
P
Q
R
S
T
U
V
W
X
Y
Z

A

Prémery	28 B 2
Preuilly-sur-Claise	26 B 2
La Primaube	43 D 2
Primel-Trégastel	12 B 1
Privas	45 C 1
Propriano	55 D 3
Provenchères-sur-Fave	21 C 2
Provins	18 A 2
Puget-Théniers	47 C 3
Puiseaux	17 D 2
Puisserguier	52 A 2
Pujols	41 C 1
Putanges-Pont-Écrepin	5 D 3
Putanges-le-Lac	11 C 3
Le Puy-en-Velay	44 B 1
Puy-Guillaume	36 A 1
Puy-l'Évêque	42 A 2
Puylaurens	51 C 1
Puymirol	42 A 3
Pyla-sur-Mer	40 A 1

Q

Quarré-les-Tombes	29 C 1
Quérigut	51 C 3
Le Quesnoy	3 D 3
Questembert	13 D 3
Quettehou	4 B 1
Quiberon	22 A 2
Quillan	51 C 3
Quilleboeuf-sur-Seine	6 A 2
Quimper	12 B 2
Quimperlé	13 C 3
Quingey	30 B 2
Quintin	13 D 2
Quissac	44 B 3

R

Rabastens	42 B 3
Rabastens-de-Bigorre	49 D 1
Ramatuelle	54 B 1
Rambervillers	20 B 2
Rambouillet	17 C 1
Rambucourt	20 A 1
Randan	36 A 1
Randanne	35 D 2
Raon-l'Étape	20 B 2
Raucourt-et-Flaba	9 D 2
Rayol-Canadel-sur-Mer	55 C 2
Réalmont	43 C 3
Rebais	18 A 1
Recey-sur-Ource	19 D 3

Redon	23 C 2
Reichshoffen	11 D 3
Reignier-Esery	38 B 1
Reillanne	46 A 3
Reims	8 B 3
Rémalard-en-Perche	16 A 2
Remiremont	20 B 3
Remoulins	45 C 2
Rémuzat	44 D 2
Renazé	14 B 3
Rennes	14 B 2
Rennes-les-Bains	51 D 2
Renwez	9 C 2
La Réole	41 C 1
Réquista	43 D 3
Rethel	9 C 2
Retiers	14 B 3
Retournac	36 B 3
Reuilly	27 D 2
Revel	51 C 1
Revigny	19 D 1
Revin	9 C 1
Rhinau	21 D 2
Riaillé	23 D 2
Rians	54 A 1
Ribeauvillé	21 C 2
Ribécourt-Dreslincourt	7 D 2
Ribemont	8 A 2
Ribérac	33 D 3
Ribiers	46 A 2
Les Riceys	19 C 3
Richelieu	26 A 2
Riec-sur-Belon	12 B 3
Rieumes	50 B 1
Rieupeyroux	43 C 2
Rieux-Volvestre	50 B 2
Riez	46 B 3
Rignac	43 C 2
Riom	35 D 2
Riom-ès-Montagnes	35 D 3
Rioz	30 B 1
Riquewihr	21 C 2
Riscle	49 D 1
Rive-de-Gier	37 C 2
Rives	38 A 3
Rivesaltes	57 C 2
La Rivière-Thibouville	6 A 3
La Roche-Bernard	23 C 2
La Roche-Canillac	35 C 3

La Roche-Chalais	33 C 3
La Roche-Derrien	13 C 1
La Roche-Guyon	7 C 3
La Roche-Posay	26 B 3
La Roche-sur-Foron	38 B 1
La Roche-sur-Yon	24 B 3
Rochechouart	34 A 2
Rochefort	32 B 1
Rochefort-en-Terre	23 C 2
Rochefort-Montagne	35 D 2
Rochefort-sur-Nenon	30 A 2
La Rochefoucauld	33 D 2
La Rochelle	32 B 1
Rochemaure	45 C 2
La Rochepot	29 D 2
Rocheservière	24 B 2
La Rochette	38 B 2
Rocroi	9 C 1
Rodez	43 D 2
Rohan	13 D 2
Rohrbach-lès-Bitche	11 C 3
Roisel	3 D 3
Roissy	17 D 1
Romans-sur-Isère	37 D 3
Rombas	10 A 3
Romilly-sur-Seine	18 B 2
Romorantin-Lanthenay	27 C 1
Ronce-les-Bains	32 B 2
Ronchamp	20 B 3
La Roque-Gageac	42 A 1
Roquebillière	47 D 3
Roquebrun	52 A 2
Roquebrune-Cap-Martin	47 D 3
La Roquebrussanne	54 B 1
Roquecourbe	51 D 1
Roquefort	41 C 3
Roquefort-sur-Soulzon	43 D 3
Roquemaure	45 C 2
Roquesteron	47 C 3
Roquevaire	54 A 1
Rosans	46 A 2
Roscoff	12 B 1
Rosheim	21 C 1
La Rosière 1850	39 C 2
Rosières-en-Santerre	7 D 2
Les Rosiers-sur-Loire	25 D 1
Rosporden	12 B 3
Rostrenen	13 C 2
Rothéneuf	4 A 3
Roubaix	3 D 2
Rouen	6 B 3

Rouffach ....21 **C 3**
Rougé.......................14 **B 3**
Rougemont ....30 **B 1**
Rougemont-le-Château ...21 **C 3**
Rouillac.....................33 **C 2**
Roujan ....52 **A 2**
Roulans ....30 **B 1**
Les Rousses................30 **B 3**
Royan ....32 **B 2**
Royat.......................35 **D 2**
Roybon.....................37 **D 3**
Roye........................7 **D 2**
Royère-de-Vassivière ......35 **C 2**
Rozay-en-Brie ....18 **A 1**
Le Rozier ....44 **A 3**
Rozoy-sur-Serre............8 **B 2**
Rue.........................2 **B 3**
Ruelle-sur-Touvre..........33 **D 2**
Ruffec......................33 **D 1**
Ruffieux ....38 **A 2**
Rugles......................16 **A 1**
Rumengol ....12 **B 2**
Rumigny ....8 **B 2**
Rumilly.....................38 **A 2**
Ruoms......................45 **C 2**
Rupt-sur-Moselle ....20 **B 3**
Le Russey...................31 **C 2**
Ruynes-en-Margeride .....44 **A 1**

S

Saales ....21 **C 2**
Sablé-sur-Sarthe............15 **D 3**
Les Sables-d'Olonne.........24 **B 3**
Sables-d'Or-les-Pins ....13 **D 1**
Sabres......................40 **B 3**
Saillagouse.................56 **B 3**
Saillans.....................45 **D 1**
Sains ....8 **B 2**
Sains-du-Nord...............8 **B 1**
Saint-Affrique ....43 **D 3**
Saint-Agnant ....32 **B 2**
Saint-Agrève ....45 **C 1**
Saint-Aignan ....27 **C 1**
Saint-Aignan-sur-Roë......14 **B 3**
Saint-Alban-sur-Limagnole .44 **A 1**
Saint-Amand-en-Puisaye ...28 **A 1**
Saint-Amand-les-Eaux......3 **D 2**
Saint-Amand-Longpré......16 **B 3**
Saint-Amand-Montrond ...28 **A 3**
Saint-Amans................44 **A 1**
Saint-Amans-des-Cots......43 **D 1**

Saint-Amans-Soult.........51 **D 1**
Saint-Amant-Roche-Savine .36 **B 2**
Saint-Amant-Tallende......35 **D 2**
Saint-Amarin ....21 **C 3**
Saint-Ambroix ....45 **C 2**
Saint-Amé.................20 **B 3**
Saint-Amour...............30 **A 3**
Saint-André-de-Cubzac.....41 **C 1**
Saint-André-de-l'Eure......16 **B 1**
Saint-André-de-Valborgne..44 **B 3**
Saint-André-les-Alpes ......46 **B 3**
Saint-Anthème ....36 **B 2**
Saint-Antonin-Noble-Val...42 **B 3**
Saint-Arnoult-en-Yvelines ..17 **C 2**
Saint-Astier.................33 **D 3**
Saint-Auban................47 **C 3**
Saint-Aubin-d'Aubigné .....14 **B 2**
Saint-Aubin-du-Cormier....14 **B 2**
Saint-Aubin-sur-Mer ....5 **D 2**
Saint-Aulaye-Puymangou...33 **D 3**
Saint-Avold.................10 **B 3**
Saint-Aygulf ....55 **C 1**
Saint-Béat ....50 **A 2**
Saint-Beauzély.............43 **D 3**
Saint-Benin-d'Azy ....28 **B 2**
Saint-Benoît-du-Sault.......27 **C 3**
Saint-Benoît-sur-Loire .....17 **D 3**
Saint-Bertrand-
de-Comminges...........50 **A 2**
Saint-Blin...................19 **D 2**
Saint-Bonnet-de-Joux .....29 **D 3**
Saint-Bonnet-
en-Champsaur ....46 **B 1**
Saint-Bonnet-le-Château ...36 **B 3**
Saint-Brévin-les-Pins.......23 **C 3**
Saint-Briac-sur-Mer ....14 **A 1**
Saint-Brice-en-Coglès ......14 **B 2**
Saint-Brieuc ....13 **D 1**
Saint-Calais.................16 **A 3**
Saint-Cast ....14 **A 1**
Saint-Céré ....42 **B 1**
Saint-Cernin ....43 **C 1**
Saint-Chamas..............53 **D 2**
Saint-Chamond............37 **C 3**
Saint-Chély-d'Apcher.......44 **A 1**
Saint-Chély-d'Aubrac......43 **D 2**
Saint-Chinian ....52 **A 2**
Saint-Ciers-sur-Gironde.....32 **B 3**
Saint-Cirq-Lapopie ....42 **B 2**
Saint-Clair-sur-l'Elle.........5 **C 2**
Saint-Clar..................42 **A 3**

Saint-Claud................33 **D 2**
Saint-Claude...............30 **B 3**
Saint-Cyprien..............42 **A 1**
Saint-Cyprien-Plage ....57 **D 3**
Saint-Denis................17 **D 1**
Saint-Denis-d'Oléron.......32 **A 1**
Saint-Denis-d'Orques......15 **D 3**
Saint-Didier-en-Velay......37 **C 3**
Saint-Dié-des-Vosges......21 **C 2**
Saint-Dier-d'Auvergne.....36 **A 2**
Saint-Dizier.................19 **D 1**
Saint-Donat-sur-l'Herbasse .37 **D 3**
Saint-Éloy-les-Mines........35 **D 1**
Saint-Émilion...............41 **C 1**
Saint-Étienne...............37 **C 3**
Saint-Étienne-de-Baïgorry .48 **A 2**
Saint-Étienne-de-Lugdarès .44 **B 1**
Saint-Étienne-de-Montluc ..23 **C 3**
Saint-Étienne-
de-Saint-Geoirs ....37 **D 3**
Saint-Étienne-de-Tinée.....47 **C 2**
Saint-Étienne-en-Dévoluy ..46 **A 1**
Saint-Étienne-les-Orgues ...46 **A 3**
Saint-Fargeau ....28 **A 1**
Saint-Félicien...............37 **C 3**
Saint-Firmin................46 **B 1**
Saint-Florent...............55 **C 1**
Saint-Florent-le-Vieil.......25 **C 1**
Saint-Florent-sur-Cher .....27 **D 2**
Saint-Florentin ....18 **B 3**
Saint-Flour ....43 **D 1**
Saint-François-Longchamp .38 **B 3**
Saint-Fulgent...............25 **C 2**
Saint-Galmier...............37 **C 2**
Saint-Gaudens.............50 **A 2**
Saint-Gaultier ....27 **C 3**
Saint-Genest-Malifaux......37 **C 3**
Saint-Gengoux-le-National .29 **D 3**
Saint-Geniez-d'Olt-
et-d'Aubrac ....43 **D 2**
Saint-Genis-de-Saintonge ..33 **C 3**
Saint-Genis-Laval..........37 **D 2**
Saint-Genix-sur-Guiers......38 **A 2**
Saint-Geoire................38 **A 3**
Saint-Georges-de-Didonne.32 **B 2**
Saint-Georges-en-Couzan ..36 **B 2**
Saint-Georges-sur-Loire ...25 **D 1**
Saint-Germain-
de-Calberte ....44 **B 2**
Saint-Germain-des-Fossés .36 **A 1**
Saint-Germain-du-Bois .....30 **A 3**

A B C D E F G H I J K L M N O P Q R S T U V W X Y Z

Saint-Germain-du-Plain ....29 D 3
Saint-Germain-du-Teil .....44 A 2
Saint-Germain-en-Laye....17 C 1
Saint-Germain-Laval........36 B 2
Saint-Germain-Lembron...36 A 3
Saint-Germain-les-Belles ..34 B 2
Saint-Germain-l'Herm .....36 B 3
Saint-Gervais-d'Auvergne ..35 D 1
Saint-Gervais-les-Bains .....39 C 1
Saint-Gervais-
les-Trois-Clochers ....26 A 2
Saint-Gervais-sur-Mare .....52 A 2
Saint-Géry..................42 B 2
Saint-Gildas-de-Rhuys.....22 B 2
Saint-Gildas-des-Bois .....23 C 2
Saint-Gilles ....53 C 2
Saint-Gilles-Croix-de-Vie...24 B 3
Saint-Gingolph ....31 C 1
Saint-Girons ....50 B 2
Saint-Girons-Plage.........40 A 3
Saint-Gobain ....8 A 2
Saint-Guénolé..............12 A 3
Saint-Guilhem-le-Désert...52 B 2
Saint-Haon-le-Châtel ......36 B 1
Saint-Herblain ....23 D 3
Saint-Hilaire ....51 D 2
Saint-Hilaire-de-Riez.......24 B 3
Saint-Hilaire-
de-Villefranche...........33 C 2
Saint-Hilaire-des-Loges.....25 D 3
Saint-Hilaire-du-Harcouët ..15 C 1
Saint-Hippolyte ....31 C 1
Saint-Hippolyte-du-Fort....44 B 3
Saint-Honoré-les-Bains ....29 C 2
Saint-Jacques-de-la-Lande .14 A 3
Saint-Jacut-de-la-Mer......14 A 1
Saint-James................14 B 2
Saint-Jean-Brévelay.......13 D 3
Saint-Jean-Cap-Ferrat .....47 D 3
Saint-Jean-d'Angély ....33 C 1
Saint-Jean-de-Bournay .....37 D 2
Saint-Jean-de-Daye........5 C 2
Saint-Jean-de-Losne........30 A 2
Saint-Jean-de-Luz.........48 A 1
Saint-Jean-de-Maurienne...38 B 3
Saint-Jean-de-Monts ......24 A 3
Saint-Jean-du-Bruel ....44 A 3
Saint-Jean-du-Gard........44 B 3
Saint-Jean-en-Royans......37 D 2
Saint-Jean-Pied-de-Port ...48 B 2
Saint-Jeoire................38 B 1

Saint-Jouin-de-Marnes .....26 A 2
Saint-Juéry ....43 C 3
Saint-Julien................30 A 3
Saint-Julien-Chapteuil .....44 B 1
Saint-Julien-de-Vouvantes..23 D 2
Saint-Julien-du-Sault ....18 A 3
Saint-Julien-en-Genevois ...38 A 1
Saint-Julien-l'Ars..........26 A 3
Saint-Junien ....34 A 2
Saint-Just-en-Chaussée......7 D 2
Saint-Just-en-Chevalet......36 B 2
Saint-Just-Saint-Rambert ...37 C 3
Saint-Justin ....41 C 3
Saint-Lary-Soulan ....49 D 3
Saint-Laurent-
de-Chamousset ....37 C 2
Saint-Laurent-
de-la-Salanque ....57 C 2
Saint-Laurent-du-Pont....38 A 3
Saint-Laurent-
en-Grandvaux...........30 B 3
Saint-Laurent-les-Bains ...44 B 2
Saint-Laurent-Médoc....32 B 3
Saint-Laurent-sur-Gorre ....34 A 2
Saint-Laurent-sur-Mer .....5 C 2
Saint-Laurent-sur-Sèvre...25 C 2
Saint-Léger-sous-Beuvray ..29 C 2
Saint-Léonard-de-Noblat...34 B 2
Saint-Lô ....5 C 2
Saint-Louis ....21 D 3
Saint-Loup-sur-Semouse ...20 B 3
Saint-Loup-sur-Thouet.....25 D 3
Saint-Lunaire ....14 A 1
Saint-Lys ....50 B 1
Saint-Macaire...............41 C 2
Saint-Maixent-l'École ......25 D 3
Saint-Malo.................14 A 1
Saint-Malo-de-la-Lande ....4 B 3
Saint-Mamet-la-Salvetat ...43 C 1
Saint-Mandrier-sur-Mer....54 B 2
Saint-Marcellin ....37 D 3
Saint-Mars-la-Jaille ....23 D 2
Saint-Martin-d'Auxigny....27 D 2
Saint-Martin-de-Belleville ..38 B 3
Saint-Martin-de-Crau......53 D 2
Saint-Martin-de-Londres ..44 B 3
Saint-Martin-de-Ré........32 A 1
Saint-Martin-de-Seignanx..48 A 1
Saint-Martin-de-Valamas ..45 C 1
Saint-Martin-en-Bresse ....29 D 2
Saint-Martin-Vésubie ......47 D 3

Saint-Martory ....50 A 2
Saint-Mathieu ....34 A 2
Saint-Maximin-
la-Sainte-Baume..........54 A 1
Saint-Médard-en-Jalles ....40 B 3
Saint-Méen-le-Grand ......14 A 2
Saint-Michel................8 B 1
Saint-Michel-
de-Maurienne............38 B 3
Saint-Michel-en-Grève.....13 C 1
Saint-Michel-en-l'Herm....25 C 3
Saint-Michel-
Mont-Mercure............25 C 2
Saint-Mihiel ....19 D 1
Saint-Nazaire ....23 C 3
Saint-Nectaire ....35 D 2
Saint-Nicolas-d'Aliermont ...6 B 2
Saint-Nicolas-de-la-Grave ..42 A 3
Saint-Nicolas-de-Port.....20 B 1
Saint-Nicolas-du-Pélem.....13 C 2
Saint-Omer................2 B 1
Saint-Pair-sur-Mer ....4 B 3
Saint-Palais................48 B 1
Saint-Palais-sur-Mer ....32 B 2
Saint-Pardoux-la-Rivière...34 A 3
Saint-Paul-Cap-de-Joux ...51 C 1
Saint-Paul-de-Fenouillet...51 B 3
Saint-Paul-de-Vence........47 D 3
Saint-Paul-sur-Ubaye......47 C 2
Saint-Paul-Trois-Châteaux ..45 D 2
Saint-Paulien ....36 B 3
Saint-Pé-de-Bigorre ....49 C 2
Saint-Pée-sur-Nivelle ......48 A 1
Saint-Péray................45 D 1
Saint-Père-en-Retz ....23 C 3
Saint-Philbert-
de-Grand-Lieu ....23 D 3
Saint-Pierre-d'Albigny .....38 B 2
Saint-Pierre-de-Chartreuse .38 A 3
Saint-Pierre-de-Chignac ...34 A 3
Saint-Pierre-d'Oléron......32 A 1
Saint-Pierre-Église ....4 B 1
Saint-Pierre-le-Moûtier ....28 A 3
Saint-Pierre-Quiberon ......22 A 2
Saint-Pierre-sur-Dives .....5 D 3
Saint-Pois..................5 C 3
Saint-Pol-de-Léon ....12 B 1
Saint-Pol-sur-Ternoise .....3 C 2
Saint-Pons-de-Thomières...51 D 1
Saint-Porchaire............32 B 2
Saint-Pourçain-sur-Sioule...36 A 1

Saint-Privat................**35 C 3**
Saint-Quay-Portrieux........**13 D 1**
Saint-Quentin..............**8 A 2**
Saint-Rambert-d'Albon.......**37 D 3**
Saint-Rambert-en-Bugey......**37 D 1**
Saint-Raphaël..............**55 C 1**
Saint-Rémy-de-Provence......**45 D 3**
Saint-Rémy-sur-Durolle......**36 B 2**
Saint-Renan...............**12 A 1**
Saint-Riquier.............**2 B 3**
Saint-Romain-de-Colbosc....**6 A 2**
Saint-Rome-de-Tarn........**43 D 3**
Saint-Saëns...............**6 B 2**
Saint-Satur...............**28 A 1**
Saint-Saulge.............**28 B 2**
Saint-Sauveur-en-Puisaye....**28 B 1**
Saint-Sauveur-le-Vicomte....**4 B 2**
Saint-Sauveur-Lendelin.....**4 B 2**
Saint-Sauveur-sur-Tinée....**47 C 3**
Saint-Savin (Gironde)......**33 C 3**
Saint-Savin (Vienne)......**26 B 3**
Saint-Savinien............**32 B 2**
Saint-Seine-l'Abbaye......**29 D 1**
Saint-Sernin-sur-Rance.....**43 D 3**
Saint-Servan-sur-Mer.......**14 A 1**
Saint-Sever..............**40 B 3**
Saint-Sever-Calvados......**5 C 3**
Saint-Sulpice-les-Feuilles..**34 B 1**
Saint-Symphorien..........**41 C 2**
Saint-Symphorien-de-Lay....**37 C 1**
Saint-Symphorien-d'Ozon...**37 D 2**
Saint-Symphorien-
  sur-Coise...............**37 C 2**
Saint-Thégonnec-
  Loc-Eguiner.............**12 B 1**
Saint-Trivier-de-Courtes....**30 A 3**
Saint-Trivier-sur-Moignans..**37 D 1**
Saint-Trojan-les-Bains......**32 B 2**
Saint-Tropez.............**55 C 1**
Saint-Vaast-la-Hougue......**4 B 1**
Saint-Valery-en-Caux......**6 A 2**
Saint-Valery-sur-Somme....**2 A 3**
Saint-Vallier.............**37 D 3**
Saint-Vallier-de-Thiey......**47 C 3**
Saint-Varent.............**25 D 2**
Saint-Vaury.............**34 B 1**
Saint-Véran.............**47 C 1**
Saint-Vincent-de-Tyrosse...**48 B 1**
Saint-Vivien-de-Médoc....**32 B 3**
Saint-Wandrille...........**6 A 2**
Saint-Yorre..............**36 A 1**

Saint-Yrieix-la-Perche.......**34 A 3**
Sainte-Adresse............**5 D 2**
Sainte-Anne-d'Auray.......**13 D 3**
Sainte-Croix-du-Mont......**41 C 2**
Sainte-Croix-Volvestre....**50 B 2**
Sainte-Enimie.............**44 A 2**
Sainte-Foy-la-Grande.......**41 D 1**
Sainte-Foy-l'Argentière.....**37 C 2**
Sainte-Geneviève-
  sur-Argence.............**43 D 1**
Sainte-Hélène.............**40 B 1**
Sainte-Hermine............**25 C 3**
Sainte-Livrade-sur-Lot......**41 D 2**
Sainte-Lucie-de-Tallano....**55 D 3**
Sainte-Marie-aux-Mines.....**21 C 2**
Sainte-Maure-de-Touraine...**26 B 2**
Sainte-Maxime............**55 C 1**
Sainte-Menehould.........**9 C 3**
Sainte-Mère-Église.........**4 B 2**
Sainte-Sévère-sur-Indre.....**27 D 3**
Sainte-Suzanne-
  et-Chammes.............**15 D 3**
Sainte-Tulle..............**46 A 3**
Saintes..................**32 B 2**
Saintes-Maries-de-la-Mer...**53 C 2**
Saissac..................**51 C 1**
Salbris..................**27 D 1**
Salernes.................**54 B 1**
Salers...................**35 C 3**
Salies-de-Béarn............**48 B 1**
Salies-du-Salat............**50 A 2**
Salignac-Eyvigues.........**42 B 1**
Salindres................**45 C 3**
Salins...................**30 B 2**
Sallanches...............**38 B 1**
Salles-Curan.............**43 D 3**
Salles-sur-l'Hers..........**51 C 2**
Salon-de-Provence........**53 D 2**
Salses-le-Château.........**57 C 2**
Salvagnac...............**42 B 3**
La Salvetat-Peyralès......**43 C 2**
La Salvetat-sur-Agout......**51 D 1**
Salviac.................**42 A 1**
Samatan.................**50 A 1**
Samer..................**2 B 2**
Samoëns.................**39 C 1**
Sanary-sur-Mer...........**54 A 2**
Sancergues..............**28 A 2**
Sancerre................**28 A 1**
Sancoins................**28 A 3**
Sanguinet................**40 B 2**

Santa-Maria-Siché..........**55 D 3**
Santo-Pietro-di-Tenda......**55 D 2**
Saorge..................**47 D 3**
Saramon.................**50 A 1**
Sarcelles................**17 D 1**
Sari-d'Orcino............**55 D 2**
Sarlat-la-Canéda..........**42 A 1**
Sarralbe................**11 C 3**
Sarre-Union.............**11 C 3**
Sarrebourg..............**21 C 1**
Sarreguemines...........**11 C 3**
Sars-Poteries............**8 B 1**
Sartène.................**55 D 3**
Sartilly-Baie-Bocage.......**4 B 3**
Sarzeau.................**22 B 2**
Sassenage...............**38 A 3**
Satillieu................**37 C 3**
Satolas.................**37 D 2**
Saugues................**44 B 1**
Saujon.................**32 B 2**
Saulieu.................**29 C 1**
Sault..................**46 A 3**
Saulx..................**20 B 3**
Saulxures-sur-Moselotte...**20 B 3**
Saumur.................**26 A 1**
Sauve..................**44 B 3**
Sauveterre-de-Béarn.......**48 B 1**
Sauveterre-de-Guyenne....**41 C 1**
Sauveterre-de-Rouergue...**43 C 2**
Sauxillanges.............**36 A 2**
Le Sauze................**47 C 2**
Sauzé-Vaussais..........**33 D 1**
Sauzon.................**22 A 2**
Savenay.................**23 C 3**
Saverdun...............**50 B 2**
Saverne.................**21 C 1**
Savignac-les-Églises......**34 A 3**
Savigny-sur-Braye........**16 A 3**
Savines-le-Lac...........**46 B 2**
Scaër..................**12 B 2**
Scey-sur-Saône..........**20 A 3**
Schirmeck...............**21 C 1**
Seclin..................**3 D 2**
Secondigny..............**25 D 3**
Sedan..................**9 D 2**
Séderon................**46 A 2**
Seebach................**11 D 3**
Sées...................**15 D 1**
Segonzac................**33 C 2**
Segré..................**15 C 3**
Seiches-sur-le-Loir.........**25 D 1**

A

Seignelay....................18 B 3
Seilhac.......................34 B 3
Seissan......................50 A 1
Sélestat ....21 C 2
Selles-sur-Cher ....27 C 1
Sellières.....................30 A 2
Selommes...................16 B 3
Selongey....................30 A 1
Seltz..........................11 D 3
Semur-en-Auxois........29 C 1
Semur-en-Brionnais.....36 B 1
Sénas.........................53 D 1
Senez.........................46 B 3
Senlis..........................7 D 3
Sennecey-le-Grand.....29 D 3
Senonches ....16 B 2
Senones.....................21 C 2
Sens...........................18 A 2
Sépeaux-Saint-Romain .....18 A 3
Sermaize-les-Bains .....19 D 1
Serres........................46 A 2
Serrières....................37 D 3
Servian.......................52 A 2
Sète...........................52 B 2
Les Settons................29 C 2
Seurre........................30 A 2
Sévérac-d'Aveyron......43 D 2
Sévrier.......................38 B 1
Seyches......................41 D 2
La Seyne....................54 B 2
Seyne.........................46 B 2
Seyssel......................38 A 1
Sézanne.....................18 B 1
Sierck-les-Bains..........10 B 2
Sierentz ....21 D 3
Sigean.......................52 A 3
Signy-l'Abbaye ....9 C 2
Sillé-le-Guillaume ....15 C 2
Sissonne......................8 B 2
Sisteron ....46 B 2
Six-Fours-les-Plages ....54 A 2
Sizun.........................12 B 1
Soccia........................55 D 2
Sochaux.....................31 C 1
Soissons......................8 A 3
Solenzara...................55 D 3
Solesmes (Nord)..........3 D 3
Solesmes (Sarthe).......15 D 3
Solignac.....................34 A 2
Solignac-sur-Loire.......44 B 1
Solliès-Pont ....54 B 2

Solre-le-Château ....8 B 1
Sombernon ....29 D 1
Sommesous ....18 B 1
Sommières ....45 C 3
Songeons.....................7 C 2
Sore...........................40 B 2
Sorgues......................45 D 3
Sospel........................47 D 3
Souesmes....................27 D 1
Soufflenheim ....21 D 1
Souillac......................42 B 1
Souilly.........................9 D 3
Soulac-sur-Mer ....32 B 2
Soulaines-Dhuys ....19 C 2
Soultz-Haut-Rhin ....21 D 3
Soultz-sous-Forêts........11 D 3
Souppes-sur-Loing .....17 D 2
Sourdeval ....5 C 3
Sournia.......................51 D 3
Sousceyrac.................43 C 1
Soustons....................40 A 3
La Souterraine............34 B 1
Souvigny....................28 B 3
Spincourt...................10 A 3
Steenvoorde.................3 C 1
Stenay.........................9 D 2
Strasbourg.................21 D 1
Suippes.......................9 C 3
Sully-sur-Loire............17 D 3
Super-Besse...............35 D 3
Surgères....................32 B 1
Survilliers.....................7 D 3
La Suze-sur-Sarthe.......15 D 3

T

Tain-l'Hermitage.........37 D 3
Tallard.......................46 B 2
Talloires-Montmin.......38 B 2
Talmont-Saint-Hilaire ..24 B 3
Taninges....................38 B 1
Tanlay........................18 B 3
Tarare........................37 C 2
Tarascon....................45 C 3
Tarascon-sur-Ariège ....50 B 3
Tardets-Sorholus ....48 B 2
Targon.......................41 C 1
Tarnos.......................48 A 1
Tartas........................40 B 3
Tassin........................37 C 2
Taulé.........................12 B 1

Tauves.......................35 D 2
Tavaux.......................30 A 2
Tavernes.....................54 B 1
Le Teil.......................45 C 2
Le Teilleul...................15 C 2
Tence.........................37 C 3
Tende.........................47 D 2
Tergnier.......................8 A 2
Terrasson-Lavilledieu...34 A 3
Terrenoire...................37 C 3
Tessy-Bocage...............5 C 3
La Teste-de-Buch........40 A 1
Thann.........................21 C 3
Thaon........................20 B 2
Le Theil......................16 A 2
Thénezay....................26 A 3
Thenon.......................34 A 3
Théoule-sur-Mer..........55 C 1
Thérouanne...................2 B 2
Thèze.........................49 C 1
Thiaucourt-Regniéville...10 A 3
Thiberville....................6 A 3
Thiéblemont-Farémont...19 C 1
Thiers........................36 B 1
Le Thillot....................20 B 3
Thionville....................10 A 3
Thiron-Gardais............16 B 2
Thiviers......................34 A 3
Thizy-les-Bourgs.........37 C 1
Thoissey.....................37 D 3
Thollon......................31 C 3
Thônes.......................38 B 1
Thonon......................31 C 3
Thorens-Glières ....38 B 1
Thouarcé....................25 D 1
Thouars......................25 D 2
Thueyts......................45 C 1
Thuir.........................51 D 3
Thury-Harcourt.............5 D 3
Tiercé........................25 D 1
Tignes........................39 C 2
Tillières-sur-Avre.........16 B 1
Tilly-sur-Seulles............5 C 2
Tinchebray...................5 C 3
Tinténiac....................14 A 2
Tombebœuf................41 D 2
Tonnay-Boutonne ....32 B 1
Tonnay-Charente........32 B 1
Tonneins....................41 D 2
Tonnerre....................18 B 3
Torcy........................17 D 1

La Verpillière ....37 D 2
Versailles ....17 C 1
Verteillac ....33 D 3
Vertus ....18 B 1
Vervins ....8 B 2
Verzy ....8 B 3
Vescovato ....55 D 2
Vesoul ....20 A 3
Veules-les-Roses...........6 A 2
Veulettes-sur-Mer..........6 A 2
Veynes ....46 A 2
Veyre......................36 A 2
Veyrier....................38 B 1
Vézelay....................28 B 1
Vézelise...................20 A 2
Vézénobres................45 C 3
Vézins-de-Lévézou.........43 D 2
Vezzani....................55 D 2
Vias ....52 A 3
Vibraye....................16 A 3
Vic-en-Bigorre............49 D 1
Vic-Fezensac..............41 D 3
Vic-le-Comte ....36 A 2
Vic-sur-Aisne..............8 A 3
Vic-sur-Cère...............43 D 1
Vicdessos..................50 A 3
Vichy......................36 A 1
Vico ....55 D 2
Vidauban...................54 B 1
Vielle-Aure................49 D 3
Vielmur-sur-Agout.........51 C 1
Vienne ....37 D 2
Vierzon....................27 D 2
Vieux-Boucau-
   les-Bains ....40 A 3
Vif........................38 A 3
Le Vigan...................44 B 3
Vigeois....................34 B 3
Les Vignes.................44 A 2
Vigneulles.................10 A 3
Vignory....................19 D 2
Vihiers....................25 D 2
Villaines-la-Juhel ....15 D 2
Villandraut................41 C 2
Villandry..................26 A 1
Villard-de-Lans............38 A 3
Villars-les-Dombes ....37 D 1
Villé ....21 C 2
Ville-en-Tardenois ....8 B 3
Ville-sur-Tourbe ....9 C 3
Villebois-Lavalette........33 D 3

La Villedieu-du-Clain ......26 A 3
Villedieu-les-Poêles-
   Roufigny.................4 B 3
Villefagnan................33 D 1
Villefort..................44 B 2
Villefranche-d'Albigeois...43 C 3
Villefranche-de-Lauragais..51 C 1
Villefranche-de-Lonchat....41 D 1
Villefranche-de-Rouergue...43 C 2
Villefranche-du-Périgord...42 A 2
Villefranche-sur-Cher......27 C 1
Villefranche-sur-Mer.......47 D 3
Villefranche-sur-Saône....37 C 1
Villemur-sur-Tarn..........42 B 3
Villenauxe-la-Grande.......18 A 1
Villeneuve.................43 C 2
Villeneuve-d'Ascq..........3 D 2
Villeneuve-de-Berg........45 C 2
Villeneuve-de-Marsan .....41 C 3
Villeneuve-l'Archevêque...18 A 2
Villeneuve-lès-Avignon....45 D 3
Villeneuve-sur-Lot........41 D 2
Villeneuve-sur-Yonne......18 A 3
Villeréal..................42 A 1
Villers-Bocage (Calvados)...5 C 3
Villers-Bocage (Somme) ....2 B 3
Villers-Bretonneux.........7 D 2
Villers-Cotterêts..........8 A 3
Villers-Farlay.............30 B 2
Villers-le-Lac.............31 C 2
Villers-sur-Mer............5 D 2
Villersexel................31 C 1
Villerupt..................10 A 2
Villerville.................5 D 2
Villiers-Saint-Georges......18 A 1
Vimoutiers..................5 D 3
Vinay......................37 D 3
Vinça......................51 D 3
Vire-Normandie ....5 C 3
Vireux-Wallerand ....9 C 1
Virieu.....................38 A 2
Virieu-le-Grand............38 A 2
Vitré......................14 B 2
Vitrey-sur-Mance ....20 A 3
Vitrolles..................53 D 2
Vitry-en-Artois ....3 C 2
Vitry-le-François..........19 C 1
Vitteaux...................29 D 1
Vittel.....................20 A 2
Viverols...................36 B 3
Le Vivier-sur-Mer ....14 A 1

Viviers....................45 C 2
Vivonne....................26 A 3
Vizille....................38 A 3
Vizzavona ....55 D 2
Void-Vacon.................20 A 1
Voiron.....................38 A 3
Voiteur....................30 A 3
Volmunster.................11 C 3
Volonne....................46 B 3
Volvic.....................35 D 2
Volx.......................46 A 3
Vonnas.....................37 D 1
Voreppe....................38 A 3
Vorey......................36 B 3
Vouillé....................26 A 3
La Voulte-sur-Rhône........45 D 1
Vouvant....................25 C 3
Vouvray....................26 B 1
Vouziers....................9 C 3
Voves......................17 C 2

W

Wangenbourg...............21 C 1
La Wantzenau..............21 D 1
Wasselonne................21 C 1
Wassigny...................3 D 3
Wassy.....................19 D 2
Wimereux...................2 A 1
Wintzenheim...............21 C 2
Wissant....................2 B 1
Wissembourg ....11 D 3
Wœrth.....................11 D 3
Woippy....................10 A 3
Wormhout..................3 C 1

X - Y - Z

Xertigny...................20 B 3
Yenne.....................38 A 2
Yerville....................6 B 2
Yport......................6 A 2
Yssingeaux ....36 B 3
Yvetot......................6 A 2
Yvoire....................31 C 3
Yzeure....................28 B 3
Zicavo....................55 D 3
Zonza.....................55 D 3

Légende

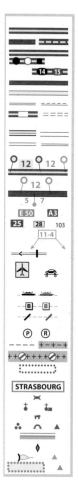

Routes
Autoroute
Route-auto - Autoroute et assimilée
Double chaussée de type autoroutier
Échangeurs : complet, partiels, sans précision
Numéros d'échangeurs
Itinéraire principal recommandé par MICHELIN
Itinéraire régional ou de dégagement recommandé par MICHELIN
Route revêtue - non revêtue
Autoroute - Route en construction
Largeur des routes
Chaussées séparées - 2 voies larges
2 voies - 2 voies étroites
Distances (totalisées et partielles)
Sur autoroute en kilomètres
Section à péage - Section libre

Sur route en kilomètres
Numérotation - Signalisation
Route européenne - Autoroute
Autres routes
Alertes Sécurité
Enneigement : période probable de fermeture
Forte déclivité - Barrière de péage
Transports
Aéroport - Auto/Train
Transport des autos : liaison permanente - saisonnière
par bateau
par bac
Bac pour piétons et cycles
Administration
Capitale de division administrative
Limites administratives
Frontière - Douane principale - Douane avec restriction
Zone interdite aux étrangers / Zone militaire
Lieux touristiques
Sites classés 2 et 3 étoiles par le Guide Vert MICHELIN
Château
Édifice religieux - Monastère
Monument mégalithique
Ruines - Grotte - Autres curiosités
Parcours pittoresque
Parc de loisirs
Barrage - Cascade
Parc national / Parc naturel